Literarische Fastenpredigten über die Laster in unserer Zeit

Herausgegeben von Rudolf Walter

F. H. KERLE
FREIBURG · HEIDELBERG

Walter Dirks

dem großen Moralisten
zur Vollendung seines 80. Lebensjahres
am 8. Januar 1981
von den Mitautoren gewidmet

Sammlung Kerle Band 1

Satz: VID Verlags- und Industriedrucke GmbH & Co. KG,
Villingen-Schwenningen
Druck und Einband: Freiburger Graphische Betriebe 1981
ISBN 3-600-30070-9

Inhalt

Robert Jungk

VÖLLEREI

Völlerei galt einst als Todsünde des Menschen. Von der Industriezivilisation wird sie als lebenswichtig bewertet, ja als neues Idol vergöttert. Ihr Leitsatz und Antrieb heißt: „Mehr und noch mehr!" Wer sich dem entzieht, wer dies kritisiert oder Widerstand leistet, der kann weder mit Lob noch mit Bewunderung rechnen. Er wird als „Sonderling" betrachtet, als „Deserteur" eines Fortschrittsfeldzuges, der freilich kein sinnvolles Ziel kennt und sich nur einem verpflichtet fühlt: der permanenten Steigerung, die nie ein Ende finden, ja sich nicht einmal verlangsamen oder gar stagnieren darf. Denn das wäre dann in den Augen der Höchstleistungsstreber bereits ein bedenkliches Symptom, als krankhaft angesehen und beängstigend.

Eine neue Art von Hunger quält gerade die Gesättigten und Übersättigten, eine Unzufriedenheit mit dem jeweils Erreichten, das im Augenblick seiner Vollendung schon wieder als ungenügend und unbefriedigend erscheint. Erfolge zählen nur, wenn sie fortgesetzt und von noch größeren Erfolgen abgelöst werden. Rekorde verpflichten zu neuen Rekorden. Grenzen sind dazu da, um überschritten, Hindernisse, um überwunden zu werden. Wer den Sprung verweigert, wer gar aus diesem Rennen aussteigen will, verrät damit nur, daß er schwach, faul, müde oder alt ist. Also: weiter, immer weiter. Dynamik ist alles. Sie wurde zum Zwang. Nur wer niemals stehenbleibt, kann hoffen, wenigstens seine Position zu halten. Aber nach dem ungeschriebenen Gesetz der Unersättlichen sollte er sie ständig verbessern.

Nachdenkliche Vertreter anderer Kulturen, die mit Bezeichnungen wie „primitiv“ oder „unterentwickelt“ abqualifiziert werden, haben diese in den Rang vernünftigen Verhaltens erhobene Raserei schon längst verurteilt – aber damit in den Augen forscher Fortschrittler nur einmal mehr ihre Rückständigkeit unter Beweis gestellt. Sie haben sogar bei den meisten ihrer eigenen Landsleute an Geltung verloren. Vom Sog einer mächtigen Bewegung ergriffen, suchen auch sie ihr Heil in allen Möglichkeiten der progressiven Vermehrung, Vergrößerung und Erhöhung, den gefährlichen wie den wenigen sinnvollen, die als Entschuldigung für sinnlose kostspielige Großprojekte herhalten müssen. Erst in jüngster Zeit hat auch hier bei einer Minderheit erneutes Nachdenken eingesetzt, eine Ernüchterung und Rückbesinnung, die schon jetzt politisch wirksam zu werden beginnt: Iran ist nicht nur der Schauplatz einer antiamerikanischen Bewegung, sondern auch einer geistig viel tieferreichenden Revolte gegen den Lebensstil der Verschwendung und der Maßlosigkeit, der zur Zeit noch für alle von der Großtechnik beherrschten Völker charakteristisch ist. Pitrim A. Sorokin, gebürtiger Russe, aber im Jahre 1923 von den neuen Machthabern zur Auswanderung nach den USA gezwungen, hat bereits vor vier Jahrzehnten in dem Streben nach „kolossalen Quantitäten“ ein untrügliches Zeichen für den Zerfall von Kulturen gesehen. Er verglich in seinem 1941 erschienenen, aber erst jetzt als prophetisch erkannten Werk „The Crisis of Our Age“ („Die Krise unseres

Zeitalters“) die Periode der griechischen Hochkultur im sechsten, fünften und vierten Jahrhundert vor Christus mit den späteren Perioden des Hellenismus und der Zivilisation des untergehenden römischen Reiches: „Im Griechenland dieser kreativen Periode waren die Tempel, wie zum Beispiel das Parthenon, von bescheidenem Umfang. Auch die Statuen und Malereien waren nicht übergroß. Die Musik war einfach und konnte sich mit wenigen Instrumenten ausdrücken ... Nichts wurde an Menge ... oder Umfang gemessen ... Was für ‚groß‘ gehalten wurde, war durch seinen inneren Wert groß, nicht durch Massigkeit oder Äußerlichkeit.“

Wie anders wurde das dann ein paar Generationen später. Die riesige Statue an der Einfahrt des Hafens von Rhodos galt als eines der sieben Weltwunder. Der Pergamon-Altar, die Trajans-Säule und der Triumphbogen des Titus in Rom versuchten Einheimische wie Fremde durch ihre für damalige Zeiten gewaltigen Formate zu beeindrucken. In den Theateraufführungen des Kolosseums spielten Hunderte Darsteller mit, wurden zahlreiche wilde und dressierte Tiere vorgeführt, die durch ihre Gefährlichkeit oder – wie z. B. die afrikanischen Elefanten – durch ihren schieren körperlichen Umfang Eindruck machen sollten. Luxus wurde bedeutsamer als Gediegenheit, Orgien und Bacchanale galten als Höhepunkte des Lebens. Der jüngere Plinius klagte über die Kulturschaffenden seiner Zeit: „Weil sie unfähig sind, Schönheit hervorzubringen, genügt ihnen Reichtum und Überfütterung.“

Demnach wäre „Völlerei“ keineswegs nur ein Versagen des einzelnen, der die sittliche Stärke zur Selbstkontrolle nicht aufbringt, sondern Ausdruck eines vorherrschenden Zeitgeistes, dem die große Mehrheit sich ergibt, ja oft genug ergeben muß. Ist die in dieser populären Entschuldigung durchklingende Resignation aber nicht vielleicht auch als Resultat der durch Überfütterung der Sinne hervorgerufenen Schwächung des Ichs zu sehen? Wird zunehmende Maßlosigkeit nicht durch die Folgeerscheinungen früherer Ausschweifungen gefördert und darum immer unaufhaltsamer? Es ist doch wohl kein Zufall, daß die meistverbreitete und trotz aller Bemühungen der Forscher und der Ärzte immer weiter umgreifende Krankheit dieser Zeit der Krebs ist, ein wucherndes zerstörerisches Zellwachstum, das überall dort am stärksten wird, wo der sogenannte materielle „Wohlstand" am deutlichsten zunimmt. Mein Freund, der mutige und bahnbrechende norwegische Soziologe Johan Galtung, hat kürzlich, wie er mir erzählte, in Singapur, dem „Musterstadtstaat" Asiens, folgende Titelseite der Lokalzeitung gesehen: „Produktion bei uns nimmt zu. Krebs ebenfalls". Für die Vereinigten Staaten lassen sich diese Worte durch exakte Statistiken belegen. Zwischen 1940 und 1976 stieg die Produktion von synthetischen Chemikalien in den USA von einer Milliarde auf dreihundert (!) Milliarden Pfund. Jedes Jahr werden in den USA rund 700 neue chemische Stoffe in Umlauf gebracht. Gleichzeitig nahmen die Krebsfälle um rund zwanzig Prozent zu. Besonders groß war die Ernte des Todes in den am dichtesten industrialisierten Gebieten. An Darmkrebs starben im typischen „Fabrikstaat" New Jersey mehr als doppelt so viele Frauen wie im überwiegend landwirtschaftlichen Bundesstaat North-Carolina. Beim Vergleich von Spezial-Landkarten, die einerseits die industriellen

Ballungsgebiete zeigen, andererseits die Sterblichkeit der Bevölkerung graphisch darstellen, fällt es sofort auf, daß die Regionen mit den höchsten Produktionsraten auch die mit den prozentual meisten Todesfällen sind.

Einst konnte jemand, der nur mäßig aß, trank und sich nicht überarbeitete, mit großer Wahrscheinlichkeit damit rechnen, daß er länger gesund bleiben und leben würde. Heute genügt das nicht mehr. Ein zum frugalen Leben entschlossener Mensch muß sich zum Wohnen schon einen Ort aussuchen, der nicht der „Völlerei" intensiver und gesundheitsschädlicher Herstellung moderner industrieller Güter oder der zum Betrieb dieser Fabriken notwendigen Energie-Erzeugung mit all ihren lebensfeindlichen Wirkungen frönt. Es genügt nicht mehr, daß, wer nach Gesundheit strebt, nur seine Eß- und Trinkimpulse bremst. Er muß seine gesamte Konsumlust bremsen, um nicht an der Zunahme der Zivilisationskrankheiten mitschuldig zu werden.

Genügt aber solche individuelle Askese? In einer höchst aufschlußreichen Auseinandersetzung mit Carl Friedrich von Weizsäcker, der zwar eine „asketische Weltkultur" fordert, zugleich aber das Industriesystem und insbesondere die weitere Entwicklung der Kernenergie nicht radikal in Frage zu stellen wagt, hat Klaus Traube darauf hingewiesen, daß heutige Menschen oft gezwungen sind, „Ziele zu verfolgen, die der Gesellschaft schaden." Und damit auch ihnen selber. Ob sie das wollen oder nicht.

Traube fragt: „Sollen etwa die auf das Auto verzichten, denen vom Primat des Individualverkehrs geprägte Siedlungsformen einen weiten Weg zur Arbeit ohne ausreichende öffentliche Verkehrsverbindungen beschert haben? Und die in den verödeten Stadtvierteln Verbliebenen? Die infolge Lärm schlecht schlafen, deren Kinder wie Gefangene aufwachsen, weil sie wegen des Verkehrs nur in Begleitung Erwachsener die Wohnung verlassen dürfen? Sollten sie denn nicht, wenn sie es können, in die Grüngürtel ziehen ...? Im Endeffekt verweigert das Wirtschaftswachstum die Befriedigung der einfachsten Bedürfnisse oder erlaubt ihre Erfüllung nur noch über den Weg aufwendiger Konsumhandlungen." Anzusetzen wäre also nicht erst bei der Verweigerung der persönlichen täglichen Verschwendung, sondern bei der „Völlerei" eines Wirtschaftssystems, das in erster Linie auf Produktions- und damit verbundene Gewinnsteigerung hin angelegt ist und durch seine Allgegenwart die Bürger nicht nur zu Kunden, sondern auch noch zu Komplizen macht, ja darüber hinaus seine Arbeiter und seine Angestellten zwingt, diesen Kurs nicht nur mitzumachen, sondern sogar gegen wachsendes Unbehagen und zunehmende Kritik zu verteidigen, weil ihnen die Sicherung ihres Arbeitsplatzes letztlich wichtiger erscheint als die Sicherung ihres Wohlbefindens.

Hier wächst den Kirchen eine neue Aufgabe zu. Sie könnten, sie sollten, sie müßten endlich dort kritisch werden, wo die abhängigen Industriemanager, die Industrieangestellten, die Industriearbeiter es sich nicht mehr leisten können (oder zumindest glauben, es sich nicht leisten zu können), eine Entwicklung zu bremsen oder gar zu wenden, die letztlich zur völligen Zerstörung der gottgeschaffenen Natur und Kreatur führen muß. Das christliche Gebot der Armut bekommt heute einen neuen Sinn. Es steckt in ihm –

aus jetziger Sicht – eine prophetische Qualität. Von den Zeitgenossen Jesu und seiner Apostel konnte kaum jemand ahnen, daß die Machtgier der Menschen einmal von einem Machtkönnen unterstützt werden könnte, das die ganze Schöpfung in Gefahr bringen würde. Um so erstaunlicher, daß sie, vermutlich unter dem Eindruck des Gigantismus und der Dekadenz des römischen Reiches, die Gefährlichkeit und Gefährdung kommender Generationen bereits ahnten.

Wie hoffnungslos muß ihnen und ihren Jüngern damals ihr Unternehmen erschienen sein. Konnte denn dieses Häuflein von Gläubigen, von Verfolgten, von Märtyrern hoffen, seine Zeitgenossen gegen eine Zivilisation zu beeinflussen, die einer beträchtlichen Anzahl von ihnen so viele materielle und sinnliche Annehmlichkeiten bot? Denn es waren ja nicht nur die Präfekten, die Legionäre, die Geldwechsler und Priester, die sich gegen die Christen wandten, sondern auch die Gold- und Silberschmiede, die Baumeister, die Kaufleute, die Höflinge und sogar die Philosophen, denen das von Gefühlen der Liebe und der Jenseitserwartung geprägte Frühchristentum zu „verschwommen" erschien.

Jesus und seine Apostel haben die Armen und Sklaven zuerst für sich gewinnen können. Diejenigen also, die einen hohen Preis an die Sinnes- und Machtkultur zu zahlen hatten und unter den Todsünden der Nutznießer mehr zu leiden hatten als diese selber. Mit Hilfe der Schwachen und Entrechteten haben die Christen damals die große Wende – gegen alle vernünftige Erwartung und politische Berechnung – zustande gebracht. Und daß sie diesen ihren Helfern später so wenig echtes Mitspracherecht gaben, mag dazu beigetragen haben, daß ihre Hierarchie, wenn auch gegen die Sünden predigend, ihnen nur zu oft selber anheimfiel: eine Fehlentwicklung, die gerade heute besonders zu denken geben sollte. Ich erinnere mich an eine Debatte, zu der mich der Presseverein der Bundeshauptstadt Bonn vor wenigen Jahren am Aschermittwoch in ein Dominikanerkloster geladen hatte. Zur Diskussion stand eben jene moderne Form der „Völlerei", die verharmlosend „wirtschaftliches Wachstum" genannt wird. Gegen den Chef eines großen deutschen Automobil-Konzerns und einen Universitätsprofessor, die beide „Qualität des Lebens" als „hohe Produktivität" definieren wollten (da nur dann die kostspieligen Aufgaben des Umweltschutzes finanziell zu bewältigen seien), versuchte ich für eine Umkehr vom Weg der Verschwendung und der mit ihr ursächlich verbundenen Vernichtung zu plädieren. Ich hatte einen schweren Stand gegenüber zwei so prominenten und beredten Herren, die den „neuen Wohlstand für viele" zu verteidigen suchten, und ich wandte mich an den Pater Prior, der die Diskussion leitete. Ihn fragte ich, ob er mir nicht eigentlich beispringen müsse als einer, der ja schließlich das Gelübde der Armut abgelegt habe. Seine Antwort war erstaunlich: es sei seine Aufgabe doch vor allem, das „Unternehmen", dem er vorstehe, gut zu verwalten. Radikalen ökologischen und ökonomischen Spekulationen, wie sie heute im Schwange seien, könne er nicht beipflichten. Er sagte das alles in scherzhaft spöttischem und auch leicht selbstironischem Ton, und dazu paßte es dann auch, daß er „sein" Kloster mit einem Wirtschaftsunternehmen, ja sogar mit einer AG verglich, das nun einmal im gesamten heutigen Wirtschaftszusammenhang verankert sei. Ich frage mich heute noch, ob der würdige Kirchenherr sich wohl klar darüber war, wie weit er sich von jenen entfernt hatte, die vor beinahe zweitausend Jahren einem so ganz anderen Geist das Wort geredet hatten. Ich frage mich das deshalb, weil ich beunruhigt darüber bin, daß zwar Jahr um Jahr von vielen Kanzeln und vor vielen Mikrophonen beeindruckende Fastenpredigten gehalten werden, aber viel zu wenige Prediger bereit sind, in jenen ihre wichtigsten, ja ihre ernstzunehmendsten Bundesgenossen zu sehen, die „arm und elend" sind, arm auch dann, wenn sie zwar ein Häuschen, ein Auto, Möbel, Kleider und all den heutigen Konsumgüter-Schnickschnack besitzen, aber deren Gesundheit, deren Lebenserwartung, deren geistige Existenz und deren seelische Kräfte immer fadenscheiniger werden. Die arm sind, auch weil sie als unfreiwillige Helfershelfer eines blinden Fortschritts, der letztlich in den Abgrund führen könnte, von schlechtem Gewissen gequält werden oder – was ja eigentlich noch viel schlimmer ist – dieses schlechte Gewissen verdrängen müssen und gar nicht erst aufkommen lassen dürfen. Wem diese Perspektive übertrieben klingt, der sollte sich die verschiedenen Kriege vor Augen halten, die das Verschwendungssystem, die organisierte Völlerei, heute an den verschiedensten Fronten führt: den schon erwähnten Krieg gegen die Gesundheit, den Krieg gegen die natürliche Umwelt, den Krieg gegen die menschliche Psyche und den Krieg um Besitz, um Macht, ihre Erhaltung und Erweiterung, ein neuer Weltkrieg, dessen letzte Schrecklichkeiten zwar noch nicht greifbare Wirklichkeit geworden sind, der aber dennoch als dunkle Erwartung und bedrängende Vorstellung schon die

Gegenwart verdüstert. Nun ist es ja nicht so, daß die Verursacher dieser Verschwendungssucht den Folgen ihrer Völlerei gegenüber völlig blind und taub wären. Sie wissen sehr gut um die Verheerungen, die duch ihre menschen- und lebensfeindlichen Projekte entstehen. Da sie aber durchaus nicht gewillt sind, den bisherigen Kurs zu ändern, suchen sie nach Methoden und Techniken, die geeignet sein könnten, die schlimmsten Schäden zu verhindern oder – wenn das überhaupt möglich ist – wiedergutzumachen. So sind als schwaches, aber teures Gegengift in den letzten zehn bis zwanzig Jahren ganze Branchen entstanden, in denen die Vergeudung von Rohstoffen, Gütern und menschlicher Arbeitskraft durch zusätzliche Millionen und Milliarden noch gesteigert wird. Da werden für die wachsende Zahl der Zivilisationskranken riesige und teure Krankenhäuser gebaut, die das Vielfache von dem verschlingen, was veranschlagt worden war. Oder es muß z. B. ein Programm für den Lärmschutz aufgezogen werden, das viele Millionen kostet. Allein die Beseitigung der Abfälle dieser Wegwerfwirtschaft ist heute schon teurer als die gesamte Herstellung aller Güter vor einem halben Jahrhundert. Dazu kommen steigende Ausgaben für den sogenannten „Objektschutz“: d. h. es müssen Tausende von Polizisten, Soldaten und Sicherheitsbeamten bezahlt werden, um verletzbare Industrieanlagen, die Produktionsstätten des Überflusses, vor Saboteuren zu schützen. Unterstützt werden diese neuartigen Armeen, deren wirkliche oder vermutete Gegner vor allem die Bürger des eigenen Landes oder die Arbeiter der eigenen Betriebe sind, durch eine höchst aufwendige Überwachungstechnik, die von simplen Alarmanlagen bis zu ganzen

Batterien mechanischer „Beobachter“ wie Fernsehkameras, Infrarotsensoren, Rauch„schnüfflern“, Lügendetektoren und ähnlichem mehr bis hin zu neuartigen Karteien, Datenbänken und anderen „Erfassungs“-Instrumenten reicht. Nicht nur die Unternehmen, sondern auch die privaten Wohnstätten müssen in zunehmendem Maße gegen die Folgen der industriellen Völlerei ausgerüstet werden. Gitter, Panzertüren, Klimaanlage, Wandverstärkungen und Doppelfenster verwandeln das Heim mehr und mehr in eine Festung oder eine Art Kerker. Um nicht durch chemisch und hormonal vergiftete Nahrung krank zu werden, müssen vorsichtige Hausfrauen Überpreise für „altmodisch“ und langsam produzierte Nahrungsmittel ausgeben. Regelmäßig unterziehen sich Millionen Menschen in den „reichen“ Ländern Diätkuren, um ihre Fettleibigkeit zu bekämpfen, die nicht nur aus Freßlust zu erklären ist, sondern aus verständlichem Bedürfnis nach Genüssen, die ihnen von der Natur, durch die Arbeit und in ihren gehetzten persönlichen Beziehungen nicht mehr gewährt werden.

Wie sollen die Familien aber diese Mehrausgaben verkraften? In einem Ausblick auf den Konsummarkt der achtziger Jahre prophezeit Walter Kiechle in der amerikanischen Wirtschaftszeitschrift „Fortune“, daß in immer mehr Familien die Frau dazuverdienen muß. In diesem Jahrzehnt würden vierzig Prozent der 67 Millionen amerikanischen Familien netto über 25 000 Dollar (nach heutigem Kaufkraft-Stand) pro Jahr einkassieren, um die „notwendigen Bedürfnisse“ wie Nahrung, Unterkunft, Stromversorgung, Kleidung, Verkehrsausgaben und medizinischen Aufwand bestreiten zu können, darüber hinaus aber auch jene

Güter zu erwerben, die gestern noch als „Luxus“ gelten konnten, heute aber fast unentbehrlich geworden sind, wie Fernsehapparate und Videorecorder, um es in der Abgeschnittenheit und Vereinsamung der neuen Siedlungen auszuhalten, Sportgeräte, um körperlichen Ausgleich für die weitgehend sitzende Lebensweise der „Komfortgesellschaft“ zu schaffen, arbeitssparende Küchenutensilien, weil die übermüdete Hausfrau als auswärts arbeitende Erwerbskraft immer weniger Zeit für ihre Familie hat. Und aus dem gleichen Grunde müssen erhöhte Ausgaben für „Kinderbetreuung“ durch Fremde aufgebracht werden. Wörtlich heißt es in dieser Fortune-Prognose auf das beginnende Jahrzehnt: „Child Care (Kinder-Betreuung) ist einer der vielversprechendsten Märkte der achtziger Jahre. Heute schon leben über die Hälfte aller Kinder in Haushalten, deren Mütter arbeiten müssen, darunter sind mindestens sieben Millionen Kleinkinder unter sechs.“

Psychologische Käuferstudien zeigen, daß hart arbeitende Menschen, vor allem solche, die, verführt durch höhere Bezahlung, Schichtarbeit leisten, besonders leicht zur Verschwendung neigen. Sie haben kaum die Geduld, sich zu überlegen, was sie *eigentlich* brauchen, oder gar Preis- oder Qualitätsvergleiche anzustellen. Sie sind die typischen Impulskäufer. Dazu kommt, daß ihnen der Konsum und das Kauferlebnis Ersatz und Befriedigung bieten, die ihnen bei ihrer oft monotonen und fremdbestimmten Arbeit fehlt. All diese Verschwendung und die dann noch zusätzliche Verschwendung zur Steuerung der negativen Konsequenzen heutiger Völlerei ist aber allein durch die Ausbeutung von Mensch und Natur in den Industriestaaten nicht mehr aufzubringen. So nimmt die so gerne als „Entwicklungshilfe“ getarnte Einbeziehung der „Dritten Welt“ ins Netz der volkswirtschaftlichen Verschwendung eine erhöhte Bedeutung an. Umweltschädliche Industrien werden aus den kapitalistischen und kommunistischen Metropolen in Länder verlegt, die keinen strengen Umweltschutz kennen und die auf diesem tödlichen Weg mehr und mehr auch zu Giftmüllkippen der westlichen und östlichen Großindustrie werden, die ihre Abfälle auf eigenem Territorium nicht mehr vergraben können oder wollen.

Bedeutsamer noch ist die Tatsache, daß über Massenmedien und durch die Werbung die auf Konsum und Verschwendung gerichtete Mentalität derer, die das ökologische Erbe des Planeten in wachsendem Tempo verprassen (und in einem Jahrhundert mehr Rohstoffe verbraucht haben als in der ganzen bisherigen Menschheitsgeschichte), nun von der nördlichen technisierten Hälfte der Erdkugel auch auf die südliche übergreift. Mit einigem Recht wollen jetzt die Zulieferer der Großindustrie in Europa, Amerika, Japan und China nun ähnlich „gut leben“. Es verschärft sich ein Wettkampf, der weniger hart und gefährlich wäre, wenn man sich darauf einigen könnte, gemeinsam Not und Hunger zu bekämpfen, statt weitere Verschwendungsrekorde aufzustellen. Die Rivalität der Metropolen nützend, von ihnen nicht nur ausgebeutet, sondern auch angetrieben und aufgestachelt, werfen die Armen der Erde Milliarden für neueste Rüstung hinaus. Während sich die Ausgaben für Militär und Waffen in den Industrieländern während eines halben Jahrhunderts „nur“ verdreißigfacht haben, sind die Zuwachsraten der Arsenale in der Dritten Welt noch um das

Vier- bis Fünffache höher. Dabei kommen diese oft erst seit einigen Jahrzehnten selbständig gewordenen ehemaligen Kolonialländer stets nur in den Genuß bereits veralteter, hinter dem neuesten Stand zurückbleibender und daher im Ernstfall nur begrenzt verwendbarer Waffensysteme. Auch hier also Verschwendung über Verschwendung in Regionen des Erdballs, wo alle Mittel für unmittelbare und ganz dringende menschliche Bedürfnisse eingesetzt werden sollten. Am Beispiel der Proliferation von Atomwaffen läßt sich diese unsinnige und verhängnisvolle Rüstungsspirale bis in ihre gefährlichsten Folgeerscheinungen hinein studieren. Die Experten des Stockholmer Internationalen Friedensforschungsinstituts SIPRI vermuten, daß die sechs Atomnationen von heute sehr bald neue, meist unerwünschte Mitglieder in ihren exklusiven „Klub" werden aufnehmen müssen, wie Pakistan, Israel, Südafrika, Korea, Taiwan, Brasilien, Argentinien, Lybien und eine Reihe kommunistischer Länder. Diese Weiterverbreitung von Atomwaffen zu verhindern wird fast unmöglich, wenn erst die von den Propheten einer unbegrenzten Energieproduktion durch den Bau der „schnellen Brüter" heraufgeführte Ära der „Plutoniumswirtschaft" Realität wird. In diesen neuen Kernbrenn-Anlagen entstehen dann Tausende von Tonnen eines künstlichen Elements, dessen teilweise Verwendung als Bombensprengstoff trotz aller Anstrengungen kaum wird gestoppt werden können. Denn noch nie in der Geschichte ist es gelungen, für immer jeden Mißbrauch möglicher Gewaltmittel zur Ausübung von privatem oder kollektivem Machtdruck zu verhindern.

Es ist darum nicht übertrieben, wenn historisch und

politisch Gebildete jenen allzu naiven Wissenschaftlern und Technikern, die über dem Energienutzwert der neuen Technologien deren wahrscheinliche gesellschaftliche Folgewirkung verharmlosen, schon heute eine Mitschuld an künftigen katastrophalen Ereignissen auflasten, die möglicherweise einmal noch ungleich mehr Menschenopfer kosten könnten als die Untaten des Hitler-Regimes. Diese „Blutlinie" von einer Verschwendungswirtschaft, die bereit ist, untragbare Risiken zu verantworten, zu einem möglichen Weltende – oder zumindest einer schrecklichen Dezimierung der Menschheit, muß deutlich aufgezeichnet und bewußtgemacht werden, wenn man heute von Völlerei spricht.

Wenn vor einigen Jahrhunderten die Fasten- und Bußprediger den möglichen Untergang als die große Strafe für die Sünden frivoler Menschen an die Wand malten, dann entbehrte eine solche Drohung der Beweisbarkeit. Heute ist das ganz anders. Der Untergang ist nicht mehr nur ein übertriebenes Schreckensbild, nicht mehr nur ein Mythos vom enttäuschten und rächenden Gott, sondern eine leider mögliche Wirklichkeit, die ernste Realität werden wird, wenn dieses Geschlecht nicht rechtzeitig noch jenen in den Arm fällt, die höchste Unvernunft als „Sachzwang" anpreisen und den Weg ins Unheil als „Überlebenschance". Mich erschüttert der Leichtsinn, dem führende Politiker, Forscher und Techniker huldigen, wenn sie ein „Restrisiko" anerkennen und einzugehen gewillt sind, ohne offen und ehrlich zu sagen, als wie unsäglich furchtbar und endgültig dieser „Rest" sich erweisen könnte. Und wofür? All das, um noch ein bißchen länger einer letztlich unbefriedigenden Völlerei zu frönen, von der sie nicht Abschied nehmen wollen.

Heinz Robert Schlette

STOLZ

Wenn wir den Eindruck haben, jemand sei stolz, stellen sich zwiespältige Empfindungen und Urteile ein: Stolz wirkt unsympathisch, trennend, abweisend, und jemand, der uns stolz zu sein scheint, wirkt arrogant, hochtrabend, eingebildet. Wer stolz ist, will höher hinaus, als ihm zuträglich ist, will mehr sein, als ihm zukommt. Unwillkürlich stellen sich die Wörter „hoch" und „höher" ein: Wer stolz ist, möchte möglichst hoch stehen, „über" den anderen. Man kann deshalb, wie Wilhelm Weischedel es in seiner „Skeptischen Ethik" tut, sagen, der Stolze strebe nach „überhöhtem Selbstgefühl". Dies drückt auch das lateinische Wort *exaltatio* aus, was ebenfalls metaphorisch auf zu große Höhe verweist und mit „Selbsterhöhung" übersetzt werden kann, welcher man in biblisch-christlicher und speziell in der monastischen Spiritualität die Demut und die Selbsterniedrigung gegenüberstellte. So ist es etwa nachzulesen in der Klosterregel des hl. Benedikt, aber auch in der sogenannten „Nachfolge Christi" aus dem späten Mittelalter, in der es heißt: „Wo Demut, da ist steter Friede; wo aber Stolz, da ist Eifersucht, Zorn und eine ganze Hölle von Unruhe." Dieses Oben-sein-Wollen – „über" den anderen – und das Sich-mehr-Dünken-als-andere nennen wir auch Hochmut, womit ebenfalls das übersteigerte Selbstgefühl des Stolzen präzis angezeigt ist.

Nun wissen wir aber auch, daß Stolz nicht nur etwas Minderwertiges, sondern umgekehrt auch etwas Positives und Berechtigtes sein kann. „Wir können stolz sein auf unser Land“ – so erklärten uns heutige Politiker, und sie plädierten damit für ein Bewußtsein, das sich in nüchterner Einschätzung weder größer noch kleiner macht, als man ist, sondern den eigenen Wert und die eigene Leistung mit distanzierter Sachlichkeit erkennt und gelten läßt. Man weiß, daß der Bauer nicht minder seinen Stolz hat als der Arbeiter, ja es heißt, jeder habe seinen eigenen Stolz, und man wird hier an die Worte „Ehre“ und „Würde“ denken. Längst ist der Stolz nicht mehr das Kennzeichen jener Gruppe, die sehr lange gesellschaftlich oben stand: Von dem stolzen König und dem stolzen Ritter ist allenfalls noch die Schwundfigur des stolzen Reiters übriggeblieben, der – hoch zu Roß – auf die anderen herunterblickt und, nach einem bekannten Lied, die Lilien auf dem Grab rüde und hochmütig abbricht.

Kurzum, was Stolz bedeutet und wer zu Recht oder zu Unrecht stolz ist, das ist keineswegs klar. Die schon im Sprachgebrauch sich offenbarende Zweideutigkeit wird noch undurchsichtiger, wenn man über das Moralische und Soziologische hinaus die Gesichtspunkte der Tiefenpsychologie einbezieht. Dann wird immer schwerer zu entscheiden, welcher Stolz für den Menschen notwendig und nützlich ist, welcher dem Ich die erforderliche Stärke verleiht und welcher Stolz demgegenüber eine Verkennung des eigenen Wesens ist, die ihre überzogene Selbstdarstellung womöglich benötigt, um ihre Schwächen und Ängste zu verschleiern. Aber auch die Haltung der Demut gerät in ein ähnliches Zwielicht: Wann ist sie die wirklich realistische Hinnahme der eigenen Begrenztheit, und wann ist sie eine geradezu peinliche und verächtliche Erniedrigung seiner selbst, ja ein sich christlich gebender Masochismus? Mit solchen Fragen hat bereits Nietzsche sich abgemüht, als er die christlichen Tugenden analysierte.

Es ist also heutzutage schwieriger geworden, die Eigenart des Stolzes zu bestimmen und namentlich seine besondere Unsittlichkeit aufzudecken. Die alten Lehrer des geistlichen und sittlichen Lebens meinten, der Stolz sei nicht nur besonders lasterhaft, sondern die Wurzel, aus der die Laster, die wichtigsten und folgenreichsten Fehlhaltungen, überhaupt erst hervorgingen. Niemand wird bestreiten, daß im tagtäglichen Leben vieles anzutreffen ist, was wir immer noch mit dem Wort „Stolz“ kritisieren. Da ist die überlegene Geste des Wissenden, des Intellektuellen; die Überheblichkeit der Weißen über die Farbigen; der Besitzer- und Macherstolz dessen, der es zu etwas gebracht hat, gegenüber dem Erfolglosen. Vielleicht trifft man da und dort sogar noch auf den Stolz des Christen gegenüber dem Andersgläubigen, sei er Jude oder islamischer Türke, und ohne Zweifel gibt es noch das Lächeln des sich aufgeklärt Wissenden über den noch religiös gebundenen Menschen. Solche und viele andere Arten von Stolz wirken unbegründet, richten Barrieren auf, ja sie erscheinen in dem Maße, in dem das Bewußtsein von der fundamentalen Gleichheit der Menschen sich durchsetzt, als anachronistisch, oft auch einfach als lächerlich. Handelt es sich aber, so muß man doch fragen, bei all diesen Varianten des Stolzes wirklich um jenes schlimmste aller Laster? Haben wir es nicht eher mit etwas Banalem, etwas Menschlich-Allzumenschlichem zu tun?

So, wie der Stolz bisher beschrieben wurde, ist er offenbar etwas Abstoßendes, Unangenehmes, psychologisch Störendes, ein unproportioniertes zwischenmenschliches Verhalten, das dem anderen Unrecht tut, ihn herabsetzt. Stolz ist, auf dieser Ebene, eine unter vielen anderen Fehlhaltungen, sittlich ebenso verwerflich wie die Verachtung, die Ruhm- und Ehrsucht, der Zynismus, die Angeberei usw., mit welchen Haltungen er übrigens nahe verwandt ist. Man könnte die Beschreibung des so verstandenen Stolzes lange fortsetzen, allein wir befänden uns damit noch längst nicht am Kern des Problems.

Wenn man den Stolz in den Katalog der Hauptlaster aufgenommen hat, so geschah dies keineswegs wegen dieses alltäglichen, in gewissem Sinn kleinen und trivialen Stolzes, vielmehr dachte man an etwas weit Schlimmeres. In zahllosen Texten der christlichen Überlieferung ist von diesem Grund-Übel die Rede; ich beschränke mich darauf, für die alte Kirche Augustinus und für das Mittelalter Thomas von Aquin zu zitieren.

Der Stolze, sagt Augustinus, will niemanden über sich haben, nicht einmal Gott; er will selbst das oberste Prinzip werden, statt sich zu unterwerfen, und stellt damit die Ordnung der Wirklichkeit, die ontologische Ordnung auf den Kopf. Seine „elatio", seine Selbstüberhebung führt den Stolzen von der vorgegebenen Ordnung weg in die illusionistischen Ideen und Forderungen seines Egozentrismus. Und eben deswegen haßt der Stolze, wie Augustinus bereits formuliert, die „Gleichheit mit den Gefährten" – „odit cum sociis aequalitatem" –, so daß auf einer solchen Basis Frieden und Liebe nicht möglich sind. Während die Demut den Gottesstaat begründe, bringe der Stolz dessen Gegensatz, die rein dem Irdischen verhaftete Gesellschaft, die civitas terrena, hervor, die für Augustinus auch die civitas des Teufels ist.

Diese Einschätzung des Stolzes bleibt im ganzen Mittelalter, ja noch weit darüber hinaus unter Christen bestehen. Für Thomas von Aquin ist der Stolz im Grunde die Verweigerung jeder Unterordnung unter Gott, Ausdruck und Folge einer „aversio a Deo", einer Abwendung von dem Schöpfer und dem höchsten Prinzip, eine Selbstüberhebung also, ein „superexcessus", der gegen die Ordnung verstößt, die nach Thomas im Sein selbst wie in der Heilsgeschichte etwas Fundamentales und Normatives ist, das man nicht antasten darf. Dieser Ordnung entsprechen Demut und pietas, die Gott als dem Vater gebührende Frömmigkeit, nicht aber der „inordinatus appetitus", das „ungeordnete Streben" nach eigener Größe.

Wenn wir heute die Kennzeichnung des Stolzes als der äußersten Gefährdung der Seinsordnung hören, müssen wir uns daran erinnern, daß diese Beurteilung in der Lehre wie in der Bildersprache der Bibel grundgelegt war und von hier aus ihren Sinn erhielt. Stolz erschien hier, wie allerdings auch in außerbiblischen Weltdeutungen, als die eigentliche Ursache der Konflikte zwischen dem Göttlichen und den Menschen. Die erste Sünde, die zur Vertreibung aus dem Paradies führte, wird als ein Akt des Ungehorsams geschildert, dessen letztes Motiv das Spiel mit der Chance war, mehr zu sein oder zu werden als Mensch, nämlich Gott gleich zu sein – zumindest in der

Fähigkeit, „Gutes und Böses" zu erkennen, was bedeutet: schlechterdings „alles", den Gang der Dinge selbst durchschauen und beurteilen zu können. Dies war bekanntlich der Inhalt des versucherischen Versprechens der Schlange, die zu Eva sagte: „Ihr werdet ja gar nicht sterben, sondern Gott weiß wohl, daß, sobald ihr davon esset, euch die Augen aufgehen werden und ihr wie Gott sein werdet, wissend Gutes und Böses." (Gen 3, 4 f.) Die erste Sünde ist also, die Exegeten unterstreichen das, die des Mehr-als-Mensch-sein-Wollens, des Stolzes, des Titanismus, der Hybris. Wie bereits die Ambitionen der Erbauer des Turms zu Babylon bestätigen, bleibt nach biblischer Auffassung dieser Stolz, dieses Allzu-hoch-hinaus-Wollen die Triebkraft eines menschlichen Handelns, das sich immer dort wiederholt, wo Gesetze und Grenzen nicht akzeptiert werden, Gesetze und Grenzen, die sich nach biblischer Vorstellung aus der Kreatürlichkeit der Menschen und der Welt und eben aus der Souveränität Gottes ergeben.

Der wirklich verderbliche Stolz ist also nach biblisch-christlicher Auffassung nicht in Formen unangemessenen zwischenmenschlichen Verhaltens zu finden, sondern erst auf einer viel fundamentaleren Ebene, die man die ontologische oder die metaphysische nennen kann. Gerade mit dieser Ebene, mit diesem Bereich aber haben wir als moderne Menschen unsere Schwierigkeiten. Erscheint es uns nicht als der Ausdruck totaler Unvernünftigkeit, wie Gott sein zu wollen? Kann man sich überhaupt sinnvollerweise weigern, das eigene Los als das der Sterblichen anzunehmen? Nun, man sollte jenes „wie Gott sein" nur so verstehen, wie es in der Genesis gemeint war, nämlich als die Versuchung zu einem totalen Wissen vom Gang aller Dinge und damit auch zu einer totalen Macht. Damit aber behält jenes fatale Versprechen der Schlange einen auch heute noch mitvollziehbaren Sinn: Wir möchten in der Tat wissen, was „die Welt im Innersten zusammenhält“, wollen das Ganze durchschauen, beherrschen und steuern, ja wir sind als neuzeitliche Menschen überhaupt nicht mehr in der Lage, auf ein solches Streben nach Wissen und Herrschaft verzichten zu können. Deshalb will es uns nicht mehr einleuchten, daß hier von einem verwerflichen Stolz gesprochen werden müsse, ja wir empfinden und verstehen gerade umgekehrt unsere moderne Sorge um Wissen und Macht als einen Dienst an der Welt, also als eine Form wirklicher menschlicher Demut.

Wieder treffen wir damit auf die Ambivalenz des Stolzes, und zwar diesmal innerhalb des Zentralbereichs unseres Themas. Eine Umkehrung, eine Revolution des Denkens, ja der gesamten Lebensorientierung hat sich vollzogen, und man fragt sich, tief verunsichert, ob die alten Aussagen der Bibel ihren Sinn endgültig verloren haben oder ob wir neuzeitlichen Menschen auf einen verhängnisvollen Weg geraten sind.

Das Problem wird unvermeidlicherweise noch um einige Grade heißer, wenn wir noch die Aussagen des Neuen Testaments betrachten und auch das kirchliche Selbstverständnis nicht übergehen, das auf eigenartige Weise zur Verschärfung des Konflikts zwischen Christentum und Modernität beigetragen hat.

Im Neuen Testament wird als die Wurzel jeglicher Sünde die Weigerung angesehen, die Botschaft Jesu anzunehmen und zu befolgen. Der Unglaube gegenüber Jesus als dem bevollmächtigten Sprecher Gottes, ja, wie man mehr und mehr erkannte, als dem Messias und dem Sohn Gottes, erschien als eine Art von Stolz, der sich nicht unterwerfen will oder nicht unterwerfen kann. Diese Haltung der Hartnäckigkeit, des versteinerten Herzens, des Ungehorsams wird von den ersten christlichen Autoren im Kontext der damaligen Geschehnisse und in missionarisch-religiöser Perspektive namentlich den Pharisäern angelastet, doch stehen dieser Schuldzuweisung jene schwer zu enträtselnden Worte gegenüber, nach denen Gott selbst die Herzen verhärtet und die Augen der Nichtgläubigen verschlossen hat.

Mit besonderer Schärfe wird in den Evangelien die Selbstgerechtigkeit angeprangert. Lukas überliefert uns eine einschlägige Geschichte von einem Pharisäer und einem Zöllner. Der Pharisäer, so läßt er Jesus sagen, bete im Tempel: „Gott, ich danke dir, daß ich nicht wie die anderen Menschen bin, die Räuber, Betrüger, Ehebrecher oder auch wie dieser Zöllner dort. Ich faste zweimal in der Woche und gebe dem Tempel den zehnten Teil meines ganzen Einkommens." Von dem Zöllner dagegen heißt es, er sei ganz hinten stehengeblieben und habe lediglich gesagt: „Gott, sei mir Sünder gnädig." (Lk 18, 9–14) Insbesondere war es, wie man weiß, der Apostel Paulus, der das Sich-selbst-Rühmen scharf kritisierte und mit Nachdruck lehrte, daß nicht Werke, sondern der Glaube allein vor Gott gerecht mache. Von Stolz also, übrigens auch in Gestalt überzogenen Autoritätsbewußtseins, will das Neue Testament nichts wissen. „Ihr aber sollt euch nicht Rabbi nennen lassen; denn nur einer ist euer

Meister, ihr alle aber seid Brüder." (Mt 23, 8) Der Dienst steht im Vordergrund, die Sorge um das gemeinsame Leben der Gemeinde und letztlich der Dienst an den vielen, d. h. an allen, denn der Heilswille Gottes ist universal.

So berechtigt, an die Wurzeln gehend und doch auch konstruktiv diese ganze biblische, alt- wie neutestamentliche Kritik des Stolzes religiös und moralisch auch war und sosehr sie dazu beigetragen hat, die christliche Idee von Humanität und Heiligkeit zu fördern, so schlimm war freilich auch die Entwicklung einer Strategie, die wir hier nicht verschweigen dürfen. Je mehr man im Laufe der Jahrhunderte die christliche Kirche als die Sachwalterin Gottes auf Erden verstand, desto mehr wurde der Vorwurf des Stolzes zu einer tödlichen Waffe. Jede Abweichung, jede Häresie, jede Eigenmächtigkeit gegenüber der Institution Kirche wurde als Erweis jenes antigöttlichen Urstolzes qualifiziert und bekämpft. Waren etwa Ketzer, die anderes lehrten als Päpste und Konzilien, nicht stolz, dünkten sie sich nicht höher als die von Gott eingesetzten Autoritäten? Bestand nicht ihr besonders gefährlicher Hochmut darin, sich gegenüber diesen Autoritäten auf Gott selbst, auf Jesus oder gar auf das eigene Gewissen zu berufen? Die Katharer, die Waldenser, hervorragende Theologen wie Petrus Abälard, Meister Eckhart, das „Mönchlein" Martin Luther – hätten sie sich nicht gefügt, wenn sie demütig gewesen wären? Und ein Giordano Bruno, ein Galilei – stellten sie nicht ihre neue Wissenschaft über Kirche und Tradition? Gibt es nicht auch heute noch Theologen, die stolz und vermessen ihre Lehre über die der Kirche stellen und damit über Gottes Wort und Wahrheit selbst?

Bis hinein in den Bereich der Seelsorge und der christlichen Erziehung wurde der Stolzvorwurf eine schlimme Sache: Wer nicht tut, was der Vorgesetzte will, galt und gilt als stolz; wer seinen eigenen Weg, seine eigene Berufung selbst beurteilen will, konnte und kann dem Stolzvorwurf ausgesetzt und damit erledigt werden. Dies alles ist eine lange, leidvolle Geschichte, die hier nicht erzählt werden kann. Ihre psychologischen Tragödien sind unermeßlich, ihre kulturellen und religiösen Folgen nach wie vor spürbar, und das Skandalon wird nur noch größer, wenn man sich vergegenwärtigt, daß all dies im Namen der Demut geschah und von solchen, die sich offenbar nicht für stolz hielten und den Widerspruch in ihrem Verhalten anscheinend nicht einmal bemerkten. Doch wer kann das wissen? Letzten Endes geht diese subjektive Seite des Problems uns nichts an, denn wir sollen nicht richten. Sehr wohl aber ist es unsere Sache, die heutige Situation zu bedenken und uns zu fragen, ob es überhaupt noch möglich sein kann, über den Stolz als ein Laster, ja als den Wurzelgrund alles Bösen so zu reden, daß es Sinn ergibt und daß dadurch irgendeine Verbesserung oder Veränderung möglich wird – in Richtung auf mehr Menschlichkeit und ein christlicheres Christentum.

Daß im Kontext unserer Kultur und Gesellschaft viele von dem Laster des Stolzes noch denken und sprechen, wie die christliche Tradition es tat, ist durchaus verständlich und soll hier nicht diffamiert werden. Aber wir leben inzwischen in einer Epoche, die nicht mehr von den Weltdeutungen der Bibel und des Mittelalters geprägt ist, vielmehr von dem neuzeitlichen Bewußtsein der Autonomie, d. h. der auf sich selbst gestellten Rationalität und der sittlichen und politischen Alleinverantwortung für Gegenwart und Zukunft. Man nennt den Wandlungsprozeß, der zu dieser veränderten Grundeinstellung geführt hat, die Aufklärung. Manche scheinen heute der Ansicht zu sein, die Aufklärung sei bereits an ihr Ende gelangt, andere jedoch halten sie für noch keineswegs abgeschlossen, und wieder andere machen auf die Widersprüchlichkeit, die „Dialektik" aufmerksam, die diesen jahrhundertelangen Prozeß kennzeichnet.

Wie immer man hierzu stehen mag, aus der Sicht des traditionellen Christentums liegt es nahe, die gesamte kulturelle, gesellschaftliche und politische Entwicklung der letzten fünfhundert Jahre als einen großen Absturz zu qualifizieren, als das Resultat des menschlichen Stolzes, der die Unterordnung unter Gott, seine Schöpfungs- und Heilsordnung nicht mehr ertrug. Aber wer so denkt, wer offen oder insgeheim die Theorie von der Geburt der Neuzeit aus dem Geist der Hybris vertritt, verkennt die wirklichen Motive und Zusammenhänge, die die Epoche der Moderne entstehen ließen und nach wie vor kennzeichnen, sieht die moderne Welt nur aus der Perspektive seiner Unterstellungen und wird, sofern er Christ ist, niemals in der Lage sein, den Menschen unserer Zeit solidarisch und gleichzeitig zu werden.

Zwar vernimmt man seit dem 18. Jahrhundert von vielen Seiten die sehr selbstbewußte Sprache einer sich immer mündiger, immer emanzipierter fühlenden Menschheit. Man begreift jetzt den Menschen als „Schöpfer und Herrn der Welt", erwartet eine „neue Ordnung" an Stelle der alten und ein Reich des Menschen in bewußter Antithese zu jenem alten

Gottesreich, das nicht gekommen ist und unter dem man sich nichts mehr vorstellen kann. Immer mehr verbindet sich der Wille, frei, selbständig, autonom zu sein, mit den Positionen des Atheismus und Materialismus, des Positivismus und einer neuen Skepsis. Doch auch wenn an dieser Entwicklung menschlicher Stolz beteiligt war, so würde es jedenfalls den Christen gut anstehen, mit einem derartigen Vorwurf sehr zurückhaltend zu sein.

Weil aus zahlreichen Gründen die überkommene christliche Religion und jede metaphysische Philosophie nicht mehr als verbindlich gelten konnten, verlor in der Neuzeit die Aussicht, wie Gott sein zu wollen, mehr und mehr ihren Reiz und ihren inneren Sinn: Man wollte nicht Gott werden, sondern endlich Mensch sein! Man wollte den Humanismus des „aufrechten Ganges". Wenn man formulierte, der Mensch sei für den Menschen das höchste Wesen geworden, so sollte das nicht etwa heißen, daß er sich die Rolle des alten Gottes anmaßte, vielmehr wurde damit die nüchterne rationale Erkenntnis zum Ausdruck gebracht, daß der Mensch auf höhere Wesen nicht rechnen könne und sein Schicksal ganz in die eigenen Hände nehmen müsse. Aus der Sicht und dem Selbstverständnis der Moderne macht es gerade die besondere Würde des Menschen aus, daß er seine Möglichkeiten und seine Verantwortung voll erkennt und übernimmt. Ja, diese seine Befähigung und Bereitschaft, einem besseren Humanismus zu dienen, verleihen dem neuzeitlichen Menschen zu Recht Selbstbewußtsein und Stolz, die man nicht voreilig als Selbstherrlichkeit verunglimpfen sollte. Auch sollten gerade Christen nicht vergessen, daß die Moderne entstanden ist, um eine Epoche abzulösen, die durch krasse Widersprüche zwischen ihren hochgesteckten religiös-sittlichen Ansprüchen und einer in vielem sehr elenden Wirklichkeit charakterisiert war.

Unterdessen sind christlicherseits der Modernität gegenüber freilich auch positive Stellungnahmen möglich geworden. Man entdeckt in ihr die Spätfolgen biblisch-christlicher Prinzipien wie der Freiheit, der Gleichheit, der Brüderlichkeit und der Hoffnung, man hat sich mit Wissenschaft und Technik ausgesöhnt und sich die Forderung nach allgemeinen Menschenrechten zu eigen gemacht, ja man tritt heute als deren Anwalt auf, nachdem man sie allzu lange selbst verletzt und auch theoretisch zurückgewiesen hatte. Man kann es natürlich nur begrüßen, wenn jemand, und sei es das Christentum, etwas dazulernt. Steht man als Christ nicht mehr geistig im Mittelalter, sondern übernimmt man wirklich die solidarische Zeitgenossenschaft mit dieser unserer Epoche, so wird man, was die Sünde des Stolzes – in ihrer wesentlichen, nicht in ihrer trivialen Dimension – betrifft, nunmehr auf folgende Weise fragen: Gibt es im modernen Bewußtsein Grundzüge oder Grundhaltungen, die als Entsprechungen jenes alten Stolzes zu enttarnen und zu überwinden sind?

Aber bevor er sich auf dieses delikate Problem einläßt, hätte der Christ sich zu prüfen, ob es nicht vielleicht eine besonders heimtückische Form von Stolz darstellt, daß er in dieser Zeit überhaupt noch *glaubt* und damit den Anspruch verbindet, über die Gestaltung der Welt und ihrer Zukunft letztlich doch besser Bescheid zu wissen als die nichtglaubenden Zeitgenossen. Da in unseren Tagen die Rede von Sünden, Lastern und religiöser Schuld immer problematischer geworden ist, sollte man auch einen provozierenden Satz sehr ernst nehmen, den die amerikanische Schriftstellerin Joyce Carol Oates einem weltgewandten Theologen in den Mund legt: „Es ist nur der Stolz des Menschen, der ihn glauben läßt, er könne eine unverzeihliche Sünde begehen.“ Wer also angesichts aller neuzeitlichen Religionskritik und angesichts aller positivistischen und marxistischen, wissenschaftlich-technischen und politischen, psychologischen und ethischen Anstrengungen zur Verbesserung der Welt noch Christ sein will und als solcher mitreden möchte, der sollte bescheiden, selbstkritisch und wahrhaft solidarisch auftreten, nicht aber besserwisserisch, triumphalistisch und mit dem Anspruch, den einzig funktionierenden Schlüssel zur Lösung der Weltprobleme zu besitzen.

Was aber das moderne Bewußtsein selbst angeht, das sich – aus welchen Gründen auch immer – ohne den Bezug auf eine bestimmte Religiosität definiert, so ist bei jeder philosophisch-ethischen und erst recht bei jeder christlichen Reflexion über seinen eventuellen Stolz zu unterscheiden zwischen den großen Leistungen unserer Epoche auf der einen und ihren finsterbedrohlichen Zügen auf der anderen Seite, die sich vor allem in den Kriegen, im Terror und in den ganz neuartigen, technologisch bedingten Gefährdungen unseres Jahrhunderts zeigen. Die neuzeitliche Epoche hat in der Tat mancherlei Gründe, stolz zu sein, aber sie hat keinen Grund zu einem „überhöhten Selbstgefühl“, zu einer individuellen und kollektiven Verabsolutierung der eigenen Realität.

Vielfach erkennt man heute unter dem Druck der politischen und ökonomischen Umstände die Notwendigkeit der Respektierung ethischer Prinzipien und der Grenzen des Möglichen. Das zwischenmenschliche Chaos und die Zerstörung der Erde scheinen vermeidbar, wenn es gelingt, diese Einsicht politisch-öffentlich zur Geltung zu bringen. Überall dort aber, wo die Anerkennung solcher Gesetze und Grenzen prinzipiell verweigert wird – und es besteht Grund zu der Befürchtung, dies könnte bei gewissen politischen und wissenschaftlich-technokratischen Allmachtsphantasien der Fall sein –, haben wir es mit der modernen Form menschlicher Selbstüberschätzung und also des Stolzes zu tun, die dann das Ganze verderben, das aus ihr hervorgeht.

Manches scheint heute dafür zu sprechen, daß sich gegenüber den Illusionen der Maßlosigkeit und des Stolzes das Bewußtsein skeptischer, selbstkritischer Humanität mehr und mehr verbreitet. Diese Sensibilisierung gilt es auf der ganzen Linie zu fördern. Vielleicht entsteht hier eine neue Lebensform der Treue zur Erde; in ihr könnte man als Christ jene alte Haltung wiedererkennen, die dem Laster des Stolzes stets entgegengesetzt war, aber sehr oft verunstaltet und mißbraucht wurde: die den Menschen als den Sterblichen angemessene – Demut.

Friedrich Heer

HOFFART

Das Wort Hoffart gibt es in der heutigen Umgangssprache nicht. Das Wort „Sünde“ kommt in alten Schlagertexten vor – „kann denn Liebe Sünde sein?“, es wird gemieden auch von Theologen. Die Todsünden sind in den Untergrund gegangen und explodieren da in vielfachen Ausbrüchen, die von Ärzten, Tiefenpsychologen, Politologen, Kriminologen sehr verschiedenartig gedeutet und behandelt werden.

Mit diesen Prozessen befaßte sich in Amerika 1942, dann, nach seiner Heimkehr nach Europa, ein damals sehr junger Mann aus Breslau, der sich in großer Ehrerbietung seinem Vater, dem Professor der Universität Breslau, William Stern, dem Lehrer der großen katholischen jüdischen Denkerin Edith Stein, die in Auschwitz ermordet wurde, gegenüber *Anders* nannte: nämlich Günther *Anders.* Sein Buch „Die Antiquiertheit des Menschen“ (München 1956) empfiehlt sich heute noch als nüchtern-ergriffene Bestandsaufnahme eines Nichtchristen, eines Agnostikers, über die „Apokalypseblindheit“ der heutigen Menschen. Sein Untertitel: „Über die Seele im Zeitalter der zweiten industriellen Revolution“. Günther Anders: „Wir sind Analphabeten der Angst.“ „Wir leben im Zeitalter der Unfähigkeit zur Angst.“ Nun, heute haben viele Menschen viele Ängste. Fragt sich nur, ob das gute Ängste, sinnvolle Ängste, hilfreiche Ängste sind?

Eine gute Angst wäre dies: sich produktiv Sorge zu machen um diese eine Weltmacht, die im Jahrtausend Alteuropas als Politikum allerersten Ranges, als Produzent aller Todsünden, aller Gewalttätigkeiten, aller Morde und Selbstmorde ersehen, angesprochen und bekämpft wurde: die superbia, die Hoffart. Der rex superbus und der papa superbus, der hoffärtige König, der hoffärtige Papst, der hoffärtige Reichsbischof, der hoffärtige Hochadelige, der hoffärtige Theologe, der hoffärtige Priester, der hoffärtige Professor – an den Universitäten Paris, Oxford, Bologna früh so angesprochen: es ist ein Totentanz und ein Todestanz in den Kämpfen zwischen Königen, Kaisern und Päpsten, wo im Investiturstreit (Bismarck: „Nach Canossa gehen wir nicht") ein mörderischer und selbstmörderischer Kampf auf Leben und Tod begann, in dem sich Reich und Kirche zugrunde richteten, und bezeugten: Hoffart produziert *immer* Mord und Selbstmord. Der Hoffärtige ist gerade im Banne seiner Aggressivitäten nach außen immer auch ein Selbstmörder, der seine eigene Seele versehrt, ruiniert. Dieser Prozeß der Selbstzerstörung wurde von alten Meistern der Seelenkunde sehr ausdrucksvoll in jener acedia, in jener Traurigkeit ersehen, die von ihnen als eine Todsünde-Tochter der Hoffart anvisiert wurde.

Der Hoffärtige kann nicht wirklich heiter, hell, frei, locker, gelassen, entspannt sein: da er fixiert ist, in sich, in der festen Burg letzter Selbstbehauptung um jeden Preis gegen das, was man einst Gott nannte, gegen das, was heute als Menschenwesen, das zugrundegerichtet wird, gesehen werden kann.

Der große Kampf des Augustinermönches Martin Luther gegen den „babylonischen Turm" der Rom-

Kirche, gegen päpstliche Hoffart, steht in dieser tausendjährigen Tradition von religiös-politischen Kämpfen von Hoffärtigen, von Kämpfen um die Aufdeckung von Hoffart als Krebskrankheit der Gesellschaft: im 11. und 12. und in den folgenden Jahrhunderten.

Dies ist gleich hier zu beachten: in diesem Jahrtausend, in dem die Hoffart, die superbia, sehr klar und sehr scharf als eine Mördermacht von einzigartiger Produktionskraft erkannt und verurteilt wurde – sie war ja wirklich nicht zu übersehen, in den permanenten Fehden aller gegen aller, aller adeligen Standespersonen gegen andere Personen von Rang, kam sie gleichzeitig bereits auch herunter, degenerierte, wurde gerade von den eifrigsten Kämpfern gegen sie oft pervertiert! Es war ja immer *der Andere,* im politischen, religiösen, ideologischen Kampf, dem Hoffart vorgeworfen wurde, also ein Verfallensein an den Teufel, und an alle bösen Geister im Menschen und um den Menschen.

Es war immer *der Andere:* der andere Kaiser, König, der Geistliche, der adelige Herr, die andere religiöspolitische Partei. Mit der Hoffart wurde als Hauptwaffe im tausendjährigen Alteuropa propagandistisch so viel Schindluder getrieben, daß sie vielfach verkam: verkam bis zu moralistischen Predigten, in denen Kindern, dem Gesinde, den armen Weibern, den Untertanen, den Arbeitern, den leibeigenen Bauern, den schwarzen, roten, gelben Sklaven weißer Herren Hoffart vorgeworfen wurde. Hoffärtig waren natürlich alle Rebellen, alle Nonkonformisten, alle Jugendlichen, die gegen den Herrn Vater aufmuckten.

Noch im berühmt berüchtigten Wort des ebenso

biedersinnigen wie schwachen Reichspräsidenten Ebert – er hasse die Revolution wie die Sünde – ein ehrliches Bekenntnis eines staatsfrommen Sozialdemokraten – lebt diese große Angst vor der Hoffart als Mutter aller Revolutionen und von Polizei, Kirche, Staat unerlaubten Tätigkeiten.

Der oft schreiende Mißbrauch, der mit der Anschuldigung der Hoffart im tausendjährigen Alteuropa getrieben wurde, war mit ein Hauptgrund für ihre Verdrängung in den Untergrund, und für ihre Demokratisierung. Hoffart ist längst nicht mehr ein Adelsprädikat hochgemuter Ritter: deren „hoher muot“, also edler Mut, zur Hoffart degenerierte. Heute ist Hoffart längst nicht mehr das Speziallaster von Päpsten und anderen Kirchenführern, von Theologen und Berufschristen. Demokratisiert sieht uns die Hoffart an auf dem Fernsehschirm: im Gesicht von Politikern, erfolgreichen Männern des Großmanagements, von Senkrechtstartern, von Professoren und anderen Männern der „reinen Wissenschaft“, die etwa im Streit an der Grünen Front, nicht nur um nukleare Kraftwerke, sondern auch um Medikamente und Heilmethoden, also gerade auch als Ärzte, und als Naturwissenschaftler, eine Potenz von Hoffart bekunden, die sich durchaus sehen lassen kann – und ja auch sehen lassen will: wobei der Hoffartsträger und seine von ihm anvisierten Zuseher und Hörer auf keinen Fall daran denken, sich als Hoffarts-Sender und Hoffarts-Empfänger hier zu produzieren.

Die ungeheure Härte, nicht nur die seit langem von sensiblen Frauen wie der Ingeborg Bachmann im Heraufkommen ersehene „neue Eiszeit der Herzen“, die ungeheure Härte, die stille, nüchterne, sachliche

Erbarmungslosigkeit, die heute unser öffentliches und privates Klima bestimmt, ist undenkbar ohne eine permanente Produktion von Hoffart: wobei gerade diese Produktion als eine Produktion von Tugenden, von Tüchtigkeiten, von Fähigkeiten, verstanden wird, ohne die unsere Leistungsgesellschaft im Konkurrenzkampf nicht bestehen kann.

Um wieder nicht sofort mißverstanden zu werden: Hoffart ist heute eine Lebensgesinnung, eine Lebensbestimmung, eine Lebensprägung, die nicht nur in oberen Rängen, sondern in allen Rang-, Fahr- und Gehaltsklassen unserer Nicht-Gesellschaft – Nicht-Gesellschaft, da Mit-Menschlichkeit wenig gewagt wird – als eine stille, selbstverständliche, mit keinem Namen anzusprechende Konstitution praktiziert wird. Linke aller Art, Rechte aller Art, sogenannte Konservative, sogenannte Progressive und das biedersinnige, recht farblose Volk in den Mitten, praktizieren je ihre Art von Hoffart, nähren sich von ihr, täglich, nehmen sie zu sich wie die Pille und die Bombe, wie Medikamente, ja als Tranquilizer: als Beruhigungsmittel. Da sie, die Hoffart, als Versicherung, als Selbstschutz, als Schutzmittel der notwendigen Selbstbehauptung gegen die anderen, die immer schwierig und so oft undurchsichtig gefährlich erscheinen, als unersetzlich verstanden wird: dies alles, ohne daß ihr Namen, ihr Wesen, ihre Struktur je im Wort angesprochen werden.

Viele Menschen leben heute in Kümmerformen, seelisch, und sehen durch den schmalen Sehschlitz im Panzer ihres Ichs auf die Welt, die Wirklichkeit, ihr Ich, den Menschen. Unsere Welt sieht auch danach aus: im Gehäuse ihrer Machbarkeiten. Alles soll machbar sein: manipulierbar, in die Hand des Brauchers, des Verbrauchers sich fügend: so zuletzt auch das Leid, die Krankheit, das Sterben. Die seelischen, die leibseelischen Energiebereiche haben es jedoch in sich: sie arbeiten in uns, auch wenn wir sie nicht sehen, greifen, begreifen, zur Kenntnis nehmen, in Rechnung stellen. Die Sünden, die wirklichen Sünden, nicht die „eingebildeten“ Sünden und die verhätschelten Sünden – ja, die Todsünden arbeiten in uns, im Prozeß unseres Lebens, und ergreifen uns, formen und verformen uns, da sie sehr oft ganz unbeachtet, ungehemmt wuchern können.

Man spricht vom Wachstum der Wirtschaft – und stellt es in Frage, sieht es als ein riesenhaftes Problem. Man spricht nicht vom Wachstum von Todsünden, und stellt sie nicht in Frage, da sie, wenn überhaupt noch beachtet, dem Privatissimum, dem Kämmerlein eines letzten Büßenden – im Film –, eines letzten Beters, dem Hobby eines Abwegigen, eines Sonderlings – in der Literatur – „anvertraut“ werden.

Man hat vergessen, daß ein Laster, eine Todsünde nach wie vor ebensosehr ein Politikum ersten Ranges ist, das auf den ganzen gesellschaftlichen Lebensprozeß einwirkt, wie eben auch eine sehr private Krankheit, ein Krebs eines Organs im eigenen Körper.

Dazu kommt dies: der alte Name taugt vielfach wirklich nicht mehr. Wer fängt schon etwas an mit seiner Hoffart – im Bonner Bundestag, als Professor, als Familienvater, als Staatsbürger etc.? Der alte Name taugt wenig, nicht nur, weil wir die Erfahrungen, die tausendjährigen spirituellen Erfahrungen unserer Zivilisation weithin noch nicht „übersetzen“, ausdrücken können in den Sprachen unseres täglichen Lebens.

„Spiritualität“ ist ein Fremdwort im Deutschen. „Geistlich“ wirkt altmodisch oder klerikal. Im Deutschen gibt es nicht den geistlichen Vater, der in anderen Zivilisationen gerade für die behutsame Behandlung der Hoffart seiner eigenen Person, seiner Brüder, seiner Söhne und Töchter im Herrn zuständig war – und älteren Deutschen noch aus den Romanen des Georges Bernanos bekannt war.

Die deutsche Sprache hat auch im katholischen Bereich dem Priester, dem Pastor, den Vaternamen verwehrt: so wie er als padre, el padre, il padre, le père, als father in den westlichen Sprachen unserer Zivilisation ganz innig zur Familie, zur family of man, gehörte. Das ist ein Zeugnis letzter Abschirmung.

Dazu kommt: gerade die Hoffart wird in so verschiedenartigen, verschiedenfarbigen, vielgestaltigen Formen produziert, daß sie nicht an einem bestimmten Haarschnitt, einer Modellkleidung, einem Wort, einer Geste erkennbar ist. Sie gleicht gerade in ihrer heutigen Vielförmigkeit Produktionen der sogenannten „Natur“. Wir wissen nicht, was „die Natur“ ist: für viele Menschen ist sie eine letzte anonymisierte Verkörperung der uralten Mutter-Göttin, der Magna Mater, auch als „Materie“, wir wissen ja auch nicht, was die Elektrizität „wirklich ist“.

In diesem Sinne können sich Erscheinungs- und Produktionsformen der Hoffart vergleichen mit der Vielförmigkeit der Insekten. Wobei nüchterne Beobachter des blauen Planeten Erde und seiner Zerstörungen durch den Menschen meinen, daß die Insekten das große Rennen schaffen: als einzige Überlebende nach Genocid, Völkermord, Volksmord, Kindermord, Selbstmord, Zerstörung der „Natur“ zu Wasser, zu Lande und in der Luft durch das Mördertier Mensch.

„Zur Sache, Schätzchen“ (dies war ein Titel eines Films). Die Hoffart also, oben, unten und in der Mitte, heute. Die Demokratisierungen der Hoffart. Die Plebejisierungen der Hoffart – das alles in vielfältigen Pluralitäten. Keiner, gerade kein hervorragender Hoffart-Träger, will sie kennen, will sie nennen will sie bekennen. Auch das macht die Sache so schwierig: wenn sich Hoffart-Träger gegenüberstehen, in einem Betrieb, in einem Büro, an einem Verhandlungstisch gegenübersitzen – harte Gesichter, sehr freundlich sich ansehend, sehr sachlich – den Vernichtungswillen dem Gegner, dem Konkurrenten gegenüber sorgfältig verbergend, tarnend, obwohl er bereits in der Aktentasche bereitliegt: wer wird denn da auf den Gedanken kommen, daß sich potentielle Selbstmörder gegenübersitzen?

Hinter der „Härte“, der „Sachlichkeit“, der „Nüchternheit“, dem „Durchsetzvermögen“ – das bereits in Annoncen, die um leistungswillige Topmanager werben, gefordert wird –, hinter dem „kämpferischen Einsatz“ in Politik, Wirtschaft, Betrieb, Büro etc. haben ja so viele Elemente, Energien, Kräfte Platz, raumbildend in Entfaltung, Ausdehnung, Expansion ihrer Aggressivitäten, daß das in keiner Weise auffällt. Zumindest dem Sieger, dem Überlebenden nicht auffällt. Dem Unterlegenen, dem Niedergekämpften, der eben seinen Betrieb verloren hat, fällt es sehr wohl auf, er sagt dann: „der hat mich so fertig gemacht“, „der hat mich richtig gekillt“.

Der Hoffärtige *will:* sein Wille zur Macht ist sein Gott. *Er,* nicht der große Theologe und Dichter

Friedrich Nietzsche, ist besessen von seinem „Willen zur Macht“, *er* macht sich seine Wirklichkeit, seine Welt, macht sich das, was früher „Gott“ genannt wurde, macht sich seine Menschen, die er als Menschenmaterial verwendet und verbraucht. (Man sah ihm diese seine Macht noch vor kurzer Zeit an seinen Sekretärinnen an): er macht sich seine „Mitarbeiter“, Untergebenen, seine Erfüllungsgehilfen in der Partei, seine Genossen, Angestellten, Frauen, Kinder – noch vor kurzer Zeit. Heute ist das natürlich alles anders: wie mir eben ein freundlicher Hoffart-Träger versichert, mit dem Zusatz: „Wir sind heute nicht mehr so . . .“

Er macht sich selbst: er verwendet sich selbst als erstes „Menschenmaterial“, er braucht, verbraucht sich selbst. Die Selbstzerstörungsmacht der Hoffart fällt gerade dem Hoffart-Träger selbst oft erst spät auf, er verkleidet sie dann in heute bereits altmodisch wirkende Herzinfarkte, in übermäßigen Verbrauch von Mitarbeitern, Sekretärinnen, Konkubinen, Tranquilizern, Alkoholika und anderer Genußmittel in der Form von Menschen und Pillen, Medikamenten. Wenn der Hoffärtige sparsam, geizig, sehr „selbstdiszipliniert“ – wie er sich selbst in der Arbeit an der Zerstörung seiner inneren Substanz vorkommt – in Erscheinung tritt, vermag er noch mehr Potential an Zerstörungskräften auf andere zu konzentrieren.

Der Hoffärtige ist, sehr altmodisch ausgedrückt, sein eigener Gott, sein eigener Herr, er macht sich seine sehr gekonnten, künstlich, technisch einwandfrei arbeitenden Höllen und Himmel, wobei er „subjektiv“, also als Chef eines Verbandes von Wirtschaftlern etc., durchaus sich selbst und andere Menschen erfolgreich glauben machen mag, daß er im Dienste der Gesamtheit, im Rahmen des Grundgesetzes, des Staates, der Demokratie, natürlich der Freiheit arbeitet.

Der Hoffärtige handelt meist guten Glaubens: er spricht nicht nur im Brustton der Überzeugung (der auch in Vorbereitung zu einer Fernsehdiskussion vorher noch überprüft werden kann von Stimmbildnern), als „reiner Wisenschafter", als Professor, als Politiker, als „Herr im Hause", so auch in seiner eigenen Familie – er ist der Überzeugung, daß er der rechte Mann ist, am rechten Platz – auch links am rechten Platz ist, unersetzlich, und daß alle anderen – fast alle anderen, wenn sie nicht „Scheiße" sind, wie er mir gegenüber vollmündig sagt, so doch nicht viel taugen: „sie schaffen es einfach nicht", ohne ihn. Sehr stark wirken die Todesanzeigen vom Ableben prominenter Hoffart-Träger, redigiert durch einen ihrer Stabsangestellten, und die Trauer-Kundgebungen, an denen, entsprechend, Regierungsmitglieder teilnehmen. Letzte Bekundung ihres Glaubens: ganz in Würde eingewandet.

Dieser gute Glaube des Hoffärtigen ist *die* Festung, *das* Bollwerk, *das* Glacis, *der* Waffenplatz, von dem aus er seine Feldzüge führt, taktisch führt, nachdem er sie strategisch vorgeplant und vorbereitet hat: in seinem uneinnehmbaren Ich.

„Eine feste Burg ist unser Gott": der Hoffart-Träger behauptet sich selbst im Kernzentrum, im Atomreaktor seiner Seele, die ja, wie jede Seele, auch als ein Atomkraftwerk zu beachten ist, und auch als solches aufmerksame Beachtung durch die Anrainer – die Gesellschaft also – verdient. Er behauptet sich so sicher, daß er sich felsenfester glaubt, sicherer, als jede

Verteidigungs-Anlage anderer Kraft-Werke und etwa seines eigenen atombombensicheren Bunkers im Gelände seines Guts.

Der Hoffart-Träger von Potenz ist ein Flugzeugträger eigener Art, ausgerüstet mit Kampfflugzeugen, die er elektronisch steuert, von seinen Kommando-Zentralen aus, ausgerüstet mit U-Booten und Fernwaffengeschützen, die er gleichzeitig in Südafrika, Südamerika und am Ort, zonennah, einsetzt: er wähnt sich im Schutze seiner Nah- und Fern-Waffen sicher. Fast sicher.

Es ist *diese* „Sicherheit“, auf der unsere gegenwärtige Gesellschaft ruht: eine mörderische, eine selbstmörderische Sicherheit.

Diese „Sicherheit“ wurde zuerst durchschaut von Kranken, von Todkranken, von Schwachen, von seelisch Sensiblen, seelisch labilen Menschen, ja und eben von Jugendlichen, von Frauen, von einigen einsamen Menschen wie Reinhold Schneider, von Günther Anders, von Jean Amery, der in Salzburg aus dem Leben ging, weil für diesen Wiener Mayer keine Heimat in Sicht war: auch nicht in dem opulenten Westen, in dem er leiblich wohnte.

Die alten Meister der Seele, als Kenner, als Praktiker der Ökonomie, der Hauswirtschaft der Seele – das deutsche Mittelalter spricht Gott als „Himmelswirt“ an – sie wußten, weshalb sie die superbia als Ursünde, als mater, als „Materie“, Basis, Wurzelgrund aller Todsünden sahen, selbst erlebten.

Der so oft persönlich so charmant auftretende Hoffart-Träger ist unter Umständen durchaus bereit, Fehler, Fehlleistungen einzugestehen: „Ja, wenn Sie wollen, lieber Herr, auch Sünden“: Im Umgang mit

Mitarbeitern, Konkurrenten, Untergebenen drückt er sich natürlich anders aus. Was er sich ihnen gegenüber leistet, geleistet hat – um ihm selbst das Wort zu geben – „nicht nur sexuelle Bettnässereien", „nicht nur kleine Schmutzigkeiten", „Nein: ganz schöne, große Brokken" – das kam da zur Sprache. Es hat mich immer wieder ergriffen, wenn, in vorgerückter Stunde, ein recht prominenter Hoffart-Träger „ausgepackt hat" vor mir, mit einer Lawine von Mitteilungsbedürfnis. Mein Zug ging ja erst um oder nach Mitternacht. Morgen früh war ich ja nicht mehr in der Bundesrepublik.

Kurze Notiz: Das Ringen, ja, doch das Kämpfen mit *meiner* Hoffart, mit *meinen* Hoffarten, mit einem letzten Selbstbehauptungswillen in Selbstverschließung, Selbstblockierung, befaßt mich seit meiner Kindheit. Es hat viele Kräfte beansprucht, mir viele Niederlagen eingebracht – wobei ich hier gerade nicht Angriffe von außen auf mich anvisiere; diese zielten oft auf das Beste in mir, wohl aber Verfehlungen, zuerst gegen mich selbst, in meinem Innenraum, allein von mir selbst produziert. Ich spüre die Wunden, die Narben bis zu meinem irdischen Ende. Mein erstes Büchlein „Gespräch der Feinde" – 1948 – basiert auf meinem Gespräch mit zuerst diesen Feinden in meiner eigenen Brust: meine Konfrontation mit ihnen öffnete mir die Konfrontation mit politischen und weltanschaulichen Gegnern.

Nun: Der Hoffart-Träger ist in bestimmten Situationen, Lebenskrisen, Krisen seiner Arbeit, seines Unternehmens, bereit zu erstaunlichen „Beichten", Konfessionen, die sich neben den Konfessionen des Augustinus und des Rousseau, diesen beiden sehr eitlen

Selbststilisierungen, sehen, hören lassen können. Der Hoffart-Träger ist nur eines nicht: bereit, sich als Hoffart-Träger wahrzunehmen, als Mitarbeiter an der Zerstörung unserer Gesellschaft, schlicht also: als Mörder und Selbstmörder. Der Hoffart-Träger ist nicht fähig, so wie er hier vor uns steht – mitten im Fernseh-Bild, in der Show vor seinem Publikum, vor sich selbst –, sich als Träger einer gefährlichen, ansteckenden Krankheit wahr-zu-nehmen: Tod in seiner Seele tragend, Tod auszeugend: in dem Vernichtungswillen, mit dem ausgerüstet er seinen Feind, Partei-Freund, Partner, angeht.

Die Hoffart als Ursünde, Todsünde unserer heutigen Gesellschaft, in allen ihren Rang-, Fahr- und Gehaltsklassen, wird nicht erkannt, nicht anerkannt, wird als Wirkmacht, als Weltmacht in uns geleugnet.

Die Hoffart gibt es nicht. Damit stehen wir vor der Gretchenfrage unserer Zivilisation: wie helfe ich dem Hoffärtigen?

Erste notwendige Einsicht: die Hoffart kommt nie „rein" vor, wie ein künstlich hergestelltes chemisches Gift. Medikament, Gift und Gabe sind derselben Herkunft, wie bereits das Wort „Geben", gift"-englisch, Gabe, Mitgift ansagen. Die Hoffart ist verbunden, gemischt – sehr oft – mit den besten Elementen, Kräften, „Tüchtigkeiten" einer Person. Es sind dieselben Feuer, die im Lebensprozeß eines Menschen so oder so, so und so aufflammen, aufbrennen. Es sind dieselben Feuer, die im Großinquisitor und seinem Opfer brennen – in Jan Hus, verbrannt in Konstanz aufgrund der Befunde der besten und bedeutendsten Theologen seines Zeitalters, wie d'Ailly und Gerson.

Sehr selten sind „reine“ Hoffärtige, in denen die Hoffart selbst den ganzen Menschen so besessen hält, so braucht-verbraucht, daß nichts anderes mehr neben ihr wirken zu können scheint. Heute, in einem mittleren Zeitalter mittelmäßiger Naturen, tritt sie meist in mittleren Mischungen auf.

Bekämpfung der Hoffart, wie aller Todsünden, ist ein sehr schwieriger Prozeß – nicht selten so schwierig, wie psychoanalytische Prozesse, wie langwierige ärztliche Behandlungen schwieriger Krankheiten, in denen sehr verschiedene Faktoren und Multiplikatoren zusammenarbeiten. Das wußten einst alte Seelenführer, directeurs des âmes im klassischen Zeitalter französischer Spiritualität, die unendlich behutsam jahrelang, lebenslang mit ihren „Patienten“, ihren geistlichen Söhnen und Töchtern – etwa hochadeligen Herren und härtesten hochmütigsten Herrinnen – zusammenarbeiteten, ja zusammenlebten.

Wer konkret Hoffart bekämpfen will, muß sie immer wieder in sich, in der eigenen Person arbeitend erfahren. Ohne diese Erfahrung kein pädagogischer Eros. Lehrer, Seelsorger, Leibsorger aller Art sollten sich immer wieder einer Selbstanalyse gerade in bezug auf ihre Hoffart, die in ihnen arbeitet, unterziehen.

Die Gemengelage, in der sich im leibseelischen Bios der Person die Hoffart mit sehr bemerkenswerten Tüchtigkeiten, also anderen Produktionen derselben Lebensfeuer befindet, spricht Rilke in dem bekannten Bonmot an: gefragt, warum er sich keiner Psychoanalyse unterziehe, antwortet er: er fürchte, daß sie, die Psychoanalytiker, ihm mit seinen Teufeln auch seine Engel austreiben. Das will nicht defätistisch, nicht quietistisch verstanden werden. Hoffart kann geortet, kann angesprochen, anvisiert, kann behandelt werden: aber nur so, indem sich der gegen sie antretende Mensch auf genau derselben Ebene bewegt, in derselben Lage, wie der Hoffart-Träger, mit dem er sich auseinandersetzt. Keinen Zentimeter sich über ihn stellend, keinen Zentimeter sich unter ihn stellend. Aug in Aug, Herz vis-a-vis an Herz, Hirn an Hirn, im Blick, in der Konfrontation mit diesem Mitmenschen (den Zwingli als „Ebenchristen", als Mitchristen ansah), der sich auch deshalb so sehr wehrt, die Tore seiner festen Burg zu öffnen, weil er nicht kapitulieren will: weil er Übergabe ablehnt, Niederlagen, Schwächen, Nachgeben – Worte seiner Sprache – nicht ertragen kann. Weil er fürchetet, in seiner Integrität, in seiner Identität, in seinem Selbstverständnis, in seiner Selbstbehauptung versehrt, verletzt, geschwächt zu werden.

Wort eines Hoffärtigen: „Wir Deutschen fürchten Gott, sonst nichts." Senator Mann, der das in Lübeck gerade in seiner Zeitung liest, hebt den Kopf und sagt, wie sein Sohn Heinrich Mann berichtet, dazu: „in Wirklichkeit fürchten wir vieles."

Theologen und Kirchenmänner und andere Berufschristen kleiden ihre Hoffart gerne in Demutsformeln ein. So Päpste im gregorianischen Zeitalter in den ungeheuren Rechtstitel servus servorum dei, Knecht, Diener der Diener Christi. Politiker, Berufsdemokraten, „reine" Wissenschafter, etc., kleiden ihre Hoffart gerne in demokratische Demutsformeln ein: im Fernsehen, im Auftreten in diesen öffentlichen Bedürfnisanstalten, in ritualisierten Monologen, die sie selbst als „offene", als sachliche Auseinandersetzungen anbieten und verstehen.

Der Hoffart als Ursünde, als Große Mutter, als Wurzelgeflecht der anderen Todsünden, ist also sehr oft schwer beizukommen. Das wußten ein Franz von Assisi, eine Meister Eckhart, ein Tauler, ein Ignatius von Loyola, ein Luther. Und viele andere Kenner des Menschen.

Das Nächste, was heute zu tun ist, ist auch hier Prophylaxe. So wie Ärzte die medizinische Prophylaxe, die Vorsorge als vordringliche Aufgabe einer Betreuung des Menschen in der heutigen so vergifteten Gesellschaft ansehen. Autoritäre Gesellschaften, autoritäre Überväter, Lehrer etc. bilden Hoffart, bauen sie auf in den jungen Seelen: hier wächst sie, verbunden mit den notwendigen Anstrengungen des Selbstaufbaues, heran – unbemerkt, unerkannt, schießt dann ins Kraut. Viele Hoffärtige wissen bis zu ihrem Tode nicht, was da alles in ihnen arbeitet.

Da das Autoritäre heute wieder Mode ist, nicht nur in der Bundesrepublik Deutschland, zunächst als Reaktion gegen eine permissive Gesellschaft und gegen das Scheitern von Reformen, die kaum begonnen worden waren, erinnere ich hier nochmals. Hoffart wird gepflegt, wird kultiviert, wird aufgebaut rechts, links und in den Mitten – sie ist kein Adelsprädikat (mehr), kein Berufslaster ausschließlich von Klerikern und Kirchenmännern und ihren säkularisierten Erben als Großmanagern, Politikern, Gewerkschaftsführern, Wissenschaftern, Professoren, Lehrern.

Hoffart bildet heute das Klima mit, in dem wir leben, atmen, uns vergiften, seelisch verkümmern. Klimaänderungen tun not: sie können praktisch nicht mit einer Änderung der Großwetterlage beginnen, sondern nur mit der Bildung neuer Klima-Zonen in der eigenen Person, in kleinen Lebens-Räumen, Arbeitsräumen, in kleinen gesellschaftlichen Gebilden, die aus Mann und Frau, in der Rekonstruktion, in der Wiederbelebung ihrer Beziehungen miteinander, und in einer Familie bestehen. Im Grünen also.

Hoffart also auflösen: ihre Feuer mutieren, verflüssigen in die Feuer guten Lebens. Das ist möglich: Leben, Werk, Leistung, ja Leistung von großen Hoffärtigen, die große Heilige wurden, bezeugen das. Man verzeihe mir hier das Wort „Heilige", halte sich aber an die Sache, an den Sachbezug: wirkliche große, also geschichtsmächtige, heilsstarke Persönlichkeiten sind nahezu immer Hoffartsträger gewesen, die dann begannen, mit den Kräften, mit den Feuern ihrer Hoffart etwas anderes anzufangen.

„Mein Gott, gibt's denn das?" Nun: „mein Gott" ist oft der letzte Bannerträger, die letzte Burg der Hoffart gewesen. Im Verzicht auf den Besitz meines lieben Gottes, meiner Burg letzter Selbstbehauptung, begebe ich mich also ins Grüne, ins Freie, in die schönen Lande der Demut. Demut, das ist altdeutsch dienmout, Mut, sich der ganzen Wirklichkeit zu stellen – also dem anderen immer schwierigen, da immer andersfärbigen Menschen, dem als unersetzbare Gottes-Erfahrung zu begegnen ist – Demut, *Dienmout* als höchstes Glück der Erdenkinder, für den Menschen, dem es gelingt, das gebundene, durch seine Hoffart fixierte Potential frei zu bekommen:

für ein schöneres, freieres, *interessanteres* Leben.

Eva Zeller

GEIZ UND HABSUCHT

Hieronymus Bosch wäre nicht der Maler des Ungeheuerlichen, der gespenstischen Drohungen, der quälenden Unheimlichkeiten, wenn er sich in der Darstellung menschlicher und diabolischer Lüste die avaricia, den Geiz und die Habsucht hätte entgehen lassen. Da hängt im Madrider Prado eine bemalte Tischplatte: „Die sieben Todsünden und die vier letzten Dinge." In dieser Topographie der Sünden erfährt der Geiz seine ihm zukommende Bildgestalt. Im Bannkreis des höfisch-burgundischen Wohlstandsstaates, der verfeinerte Lebensblüte, Luxus und gesellschaftliches Klassement verbürgt, wird die Doppelbödigkeit alles menschlichen Tuns zur Meditation, zur Nachdenklichkeit angeboten. Werden in dem Madrider Tondo die tödlichen Laster noch in der Zufälligkeit menschlicher Begegnungen dargestellt – so wird die avaricia in einer Bestechungsszene geboten –, erhält diese Todsünde in einem späteren Bild erst ihre volle, dämonische Physiognomik: Das schmalformatige, bewußt eingeengte Bild hängt in der National-Gallery in Washington unter dem Titel: „Der Tod eines Geizhalses". Der Sterbende, von einem Engel gestützt, schaut auf ein hochplaziert gotisches Fenster, in dem ein kleiner Crucifixus ausgespannt ist, von dem ein schmaler Lichtstrahl zum Geizhals hin ausgeht. Seine Linke hat er zu einer Art Flehensgebärde erhoben, aber zugleich ist seine Rechte zu einem Geldsack ausgestreckt, der ihm von einem Incubus, einer diabolischen Gestalt, als falsches Erlösungsmittel gereicht wird. Während der Tod, zur Tür hereintretend, seinen Pfeil auf den Moribundus abschießt, treiben seltsame Wesen im Sterbezimmer ihr Spiel mit dem Besitz des Geizhalses. In der Stunde des Abscheidens, des Loslassenmüssens offenbaren die angesammelten, in Kisten und Kasten verstauten Dinge ihren obsessiven Charakter. Ein unangenehmer Infantilismus, etwas Kindisches strahlt dieses Lasterbild ab. „Igidigid" – möchte man sagen und: „Pfui Teufel" – „bitte nicht mit mir und nicht in mein Haus"! – Aber nicht genug damit, hat Hieronymus Bosch in den Vordergrund, jedenfalls in der Detailtreue unübersehbar, die Gestalt der Habsucht gemalt. Der auf einen Stock gestützte und mit einem Rosenkranz geschmückte Alte grabscht in der Todesstunde seines Herren gierig nach den Goldmünzen, die er zwar nicht erworben, aber zu denen er durch seine „Schlüsselgewalt" Zugang hat.

Was macht nun den Unterschied zwischen Habsucht und Geiz aus? Sprachlich hat der Geiz seine Wurzel in dem Wort „Gier", und das meint in unserem Fall: gieren nach Geld, Besitz, Ehre und Wollust. Diese Gier ist eine Art unvernünftiger Liebe und Leidenschaft, die alle anderen Laster wie Söhne und Töchter gebiert. „Geizhals" meint dann nichts anderes als einen Menschen, der einen gierigen Schlund hat, in den er alles hineinfressen möchte, niemals zu sättigen, niemals den Hals vollkriegend. Und um Sigmund Freuds Definition von der „oralen Phase" dieses Neurotikers aufs schönste zu bekräftigen, sagt der Volksmund ganz derb von einem Geizigen: er würde noch am liebsten seine eigene Scheiße fressen.

Wir selber haben natürlich guten Grund für unsere Überzeugung, vorerst nicht von uns zu sprechen oder an uns zu denken. Wir distanzieren uns mit aller Entschiedenheit, ob arm oder reich, Girokonteninhaber oder Sparbuchbesitzer, von dem Anwurf, im Lasterkatalog unter „geizig" geführt zu werden. Nein, Herr oder Frau Harpagon genannt zu werden, weisen wir von uns. Wir sind ja jetzt auch erst bei Molière. Sie erinnern sich: Monsieur Harpagon, der Geizige, ist von seiner Geldkassette nicht zu trennen. Sie steht geradezu emblematisch für das innerste Wesen, den Charakter dieser Persönlichkeit. Ein Menschenbeispiel, an dem alle Empfindungen und Reaktionen ausgelöscht zu sein scheinen. Eben der Inhalt seiner Geldkassette bedeutet ihm mehr als jedwedes Glück seiner Kinder. Das wäre die tragische Seite dieser lasterhaften Seele, aber da stellt sich die komische sofort ein: Molières Geiziger wird bei all seiner dämonischen Wollust von lächerlichen Gewohnheiten gezwickt und gezwackt: Da ist die panische Angst, bestohlen zu werden, da sind seine umständlich ausgeklügelten Sparmaßnahmen und am Ende dann auch noch die Wollust einer Greisenverliebtheit in ein junges Mädchen. – Wieder fällt uns Hieronymus Bosch ein, natürlich auch Sigmund Freud. Bleiben wir aber noch einen Augenblick beim Sittenbuch dieses Lasters. Molières Prosastück wurde einige Jahrhunderte danach im französischen Sprachraum noch einmal übertroffen durch Balzacs Père Grandet. Kann man bei Molières Gestalten noch distanziert lachen oder schmunzeln, so vergeht einem dergleichen bei Balzacs Figuren. Eine Art von Seekrankheit befällt uns bei dieser Lektüre, sie verfolgt uns bis in die Träume. Es ist ja unsere Zeit, die er beschreibt, diese Art von Geiz und Habsucht kann nur die Seelen beherrschen, wenn eine Gesellschaft die Wahnidee inthronisiert, daß Reichtum eine Tugend sei!

Machen wir die Probe aufs Exempel: da kann einer in grenzenloser Gier ein Riesenvermögen zusammengeklaubt, gerafft und ergaunert haben, er wird allemal „honorabel" sein, geachtet, beneidet und am Ende noch zu allem Überfluß von Staat und Gesellschaft hoch dekoriert, ganz zu schweigen von den scheinheiligen Todesanzeigen in den Gazetten, ich will sagen: da kann einer dem Laster der Habsucht wild gefrönt haben, er bleibt allemal ein Ehrenmann.

Nun sind wir unversehens vom Geiz zur Habsucht gelangt. Innerhalb einer Psychologie der Laster ist sie sehr wohl vom Geiz zu unterscheiden. Letzterer wäre gewissermaßen der pathologische Sonderfall, und damit keine Mißverständnisse entstehen: Geiz wäre in unser aller Leben sehr wohl von Sparsamkeit zu unterscheiden. Hier haben wir es durchaus mit einer menschlich vertretbaren, gewissermaßen schwäbischen Vorsichtsmaßnahme zu tun. Sparsamkeit gehört in diesem Sinn zu den Sekundärtugenden, als da sind: Sauberkeit, Pünktlichkeit, Fleiß, Zuverlässigkeit. Gefährlich wird es erst, wenn wir diese Art von Verhaltensnormen als Primärtugenden erachten und bei redlicher Erfüllung all dieser – sagen wir einmal: deutschen – Normen nun meinen, „vollkommen" zu sein und der genannten Primärtugenden entraten zu können, als da sind: Zartsinn, Verständnisbereitschaft, Hingabefähigkeit, Sanftmut, Geduld, Keuschheit, Hilfsbereitschaft, Liebe und so weiter.

Noch einmal: Geiz ist der pathologische Einzelfall.

Er tritt heute nicht mehr oft und monströs in Erscheinung. Dafür sorgen die wirtschaftlichen Zwänge des raschen Warenumschlags und Konsums. Großmütterchens und natürlich auch Großväterchens verbissener und trauriger Strickstrumpfsparzwang gehört der Vergangenheit an, Gold und Geld müssen sich vermehren, wie alle Ware in den Umlauf gebracht werden. Stillstand ist Rückschritt, so heißt es. Damit wären wir aus dem Schneider: der Geiz scheint ausgestorben. Aber hol's der Teufel: Die Habsucht hat uns um so mehr am Kragen. Sie ist geradezu ein Hauptlaster unserer Tage. Da ist auch nicht einer, der nicht an diesem Faden zapple. „Monopoly" zu spielen ist ja à jour – und wie man weiß, spielen es nicht nur unsere heranwachsenden Kinder. Von den Einzel-Individuen unserer Breitengrade einmal abgesehen, gibt es heute in unserer Gesellschaft keine Gruppe mehr, die nicht in ihrem Alltag „Monopoly" bis zum Exzeß spielt: nicht nur die Börsenjobber und Banker, nicht nur die Gewerkschaften und Kirchen, nicht nur die Anwälte und Ärzte, nicht nur die Immobilienmakler und Großhändler, nein, Gott sei es geklagt, *alle* haben sie Freude am Monopolyspiel der Habsucht, denn wir haben es schon gesagt: diese Giftblüte kann nur gedeihen in einer Gesellschaft, in der Reichtum als Tugend gilt! – Und der kleine Mann, der Normalverdiener, Mieter, Untermieter, Lohnabhängige, Rentner, bleibt er verschont von der Habsucht? Zumindestens spielerisch, gewißermaßen mediengerecht wird er zur Habsucht getrimmt: „Am laufenden Band" heißt die volksbelustigende Sendung. Da darf man in Sekundenschnelle alles grabschen, was die Wimper hält, von dem leider nun nicht mehr goldenen Überfluß der Welt.

Hand aufs Herz: Werden Sie eigentlich noch melancholisch beim Anblick des Wunschbefriedigungsfließbandes, oder möchten Sie am liebsten auch vor der Kamera am Fließband stehen, um all diese falschglitzernden Herrlichkeiten zu ergattern, wo doch unsere Wohnräume schon überquellen von all den unnützen Dingen, die uns eine Konsumindustrie aufzuschwätzen versucht?

Fragen wir noch einmal philosophisch–sachlich, was Habsucht ihrem Wesen nach ist. Kein geringerer als Immanuel Kant hat sich in seiner „Metaphysik der Sitten" darüber ausgelassen: „Habsucht nimmt über den eigenen Bedarf, unter Verletzung der Liebespflicht, Besitz an sich". „Unter Verletzung der Liebespflicht" – treffender kann es kaum definiert werden, und vor allem: es ist ohne jegliche ideologische Verzerrung oder Überhöhung gesagt. Der Kern der Sache kommt hier zur Sprache. „Unter Verletzung der Liebespflicht Besitz an sich bringen", das wäre beinahe schon die biblische Formulierung, vom Königsberger Rationalisten ganz nahe an den Nazarener herangedacht.

Es gibt in der Apostelgeschichte des Lukas einen Bericht, der schildert, wie um der Habsucht willen die Liebespflicht gegenüber der Gemeinde verletzt wird. Da wird erzählt, wie in urchristlich-brüderlicher Gemeinschaft Besitz zusammengeworfen wird zum gemeinsamen Leben der Hingabe und des Teilens: Kapitel 4, Vers 34 lesen wir: „Denn es war auch kein Bedürftiger unter ihnen; alle nämlich, welche Besitzer von Grundstücken oder Häusern waren, veräußerten sie, brachten den Erlös des Verkauften und legten ihn den Aposteln zu Füßen, und man teilte jedem aus, je nachdem einer es nötig hatte.“ – Nach dieser Feststellung wird dann im 5. Kapitel der Bericht von Ananias und Saphira geboten:

„Ein Mann aber mit Namen Ananias samt seiner Frau Saphira veräußerte ein Gut und schaffte unter Mitwissen auch der Frau von dem Erlös etwas auf die Seite, brachte einen Teil und legte ihn den Aposteln zu Füßen. Petrus aber sprach: Ananias, warum hat der Satan dein Herz erfüllt, den heiligen Geist zu belügen und von dem Erlös des Grundstücks etwas auf die Seite zu schaffen? Gehörte es nicht auch ferner dir, wenn es unverkauft blieb, und war es nach dem Verkauf nicht zu deiner Verfügung? Warum hast du in deinem Herzen diese Tat beschlossen? Du hast nicht vor Menschen, sondern vor Gott gelogen. Als aber Ananias diese Worte hörte, fiel er hin und verschied. Und große Furcht kam über alle, die es hörten. Die jüngeren Männer nun standen auf, legten ihn zurecht, trugen ihn hinaus und begruben ihn.

Es begab sich aber nach Verlauf von drei Stunden, da trat seine Frau ein, ohne zu wissen, was geschehen war. Petrus nun redete sie an. Sage mir: habt ihr das Grundstück für soviel verkauft? Sie sagte: ja, für soviel. Petrus aber sprach zu ihr: Warum seid ihr übereingekommen, den Geist des Herrn zu versuchen? Siehe, die Füße derer, die deinen Mann begraben haben, sind an der Türe, und sie werden dich hinaustragen. Da fiel sie sofort zu seinen Füßen hin und verschied. Als nun die Jünglinge eintraten, fanden sie sie tot; und sie trugen sie hinaus und begruben sie bei ihrem Mann. Und es kam große Frucht über die ganze Gemeinde und über alle, die davon hörten.“

Zu dieser deftigen Geschichte kommt einem als

Kommentar die Stelle aus Theodor W. Adornos „Minima moralia“ in den Sinn, wo er sagt: „Das Besitzenwollen reflektiert die Zeit als Angst vor dem Verlieren, Angst vor der Unwiederbringlichkeit.“ Und weiter: „Es gibt kein richtiges Leben im falschen.“ Ein anscheinend richtiges Leben im falschen versuchte der Jüngling in der berühmten biblischen Geschichte.

„Und siehe, es kam einer herbei und sagte zu ihm: Meister, was muß ich Gutes tun, damit ich das ewige Leben erlange? Er aber sprach zu ihm: Warum fragst du mich über das Gute? Einer ist der Gute. Willst du aber in das Leben eingehen, so halte die Gebote! Er sagte zu ihm: Welche? Jesus aber sprach: Du sollst nicht töten, du sollst nicht ehebrechen, du sollst nicht stehlen, du sollst nicht falsches Zeugnis reden, ehre deinen Vater und deine Mutter, und du sollst deinen Nächsten lieben wie dich selbst. – Der Jüngling sagte zu ihm: Dies alles habe ich gehalten; was fehlt mir noch? Jesus sprach zu ihm: Willst du vollkommen sein, so gehe hin, verkaufe, was du hast, und gib es Armen, und du wirst einen Schatz in den Himmeln haben; und komm, folge mir nach! – Als aber der Jüngling das Wort hörte, ging er betrübt hinweg; denn er hatte viele Güter.“

So steht es bei Matthäus im 19. Kapitel. Kann fortan der Begüterte nur noch mit schlechtem Gewissen Christ sein? Nein, Jesus deckt hier lediglich die letzte Lebenssicherung, das unausweichliche, unlösbare Verhaftetsein dieses „Jet-Set-Jünglings“ an die materiellen Dinge dieser Welt auf. Eben nicht die vorgespielte oder beabsichtigte Gottesliebe, sondern das Haben ist die Grundsituation dieser Existenz. „Ich bin, was ich habe“ – sagte einmal Jean Paul Sartre. Dieser Identifikationsmechanismus der Habsucht, diese letztliche Option für die Dinge dieser Welt, an Gott vorbei, das ist das Fazit der Begegnung zwischen Jesus und dem wohlhabenden Jüngling. „Wo aber euer Herz ist, da ist euer Gott." So müssen die Reichen unter sich bleiben, auch die Habsüchtigen, um den Preis der Vereinsamung, das ist ihr Schicksal, das ist ihre Obsession, das ist auch letztlich die Atmospähre der Traurigkeit und des Trübsins um den Habsüchtigen. Um noch einmal Adorno zu zitieren: „Es gibt kein richtiges Leben im falschen."

Das Wesen der Habsucht und des Geizes ist biblisch im Begriff des Mammon zusammengefaßt. Dieses aramäische Wort kommt im Neuen Testament ausschließlich im Munde Jesu vor. Unüberhörbar hat er den Mammon gegeißelt, nicht, wie Nietzsche meinte, aus kleinbürgerlichem Ressentiment und schlechtem Instinkt, sondern weil er das Dämonistische am Mammon, den Besessenheitscharakter an der Sache erkannt hatte. Seine Sorge galt der versäumten Liebe, nicht dem Theorem der sozialen Gerechtigkeit und des sozialen Ausgleichs. Er behämmert das Haben-Wollen nicht mit ideologischen Egalité-Fraternité-Formeln. Er bleibt Seelsorger. Er geht dem Habsüchtigen nach, um ihn von einem Götzen zu befreien: „Schaffet euch nicht Schätze, die der Rost und die Motten fressen, sondern die vor Gott Gültigkeit besitzen."

‚Egalité' und ‚Fraternité' als politische Formel gegen die Habsucht konnten erst aufkommen, als eine ganze Schicht jahrhundertelang rücksichtslos der Habsucht frönte und dabei auch noch glaubte, christlich-fromm sein zu können. Am Ende war diese frivol-gottlose Ausbeuterschicht nur noch bigott. Habsucht und

Bigotterie, das paßt gut zusammen und ist eine der schrecklichsten Formen menschlicher Verirrung. Das ist kein Phänomen, das der Geschichte angehört. Bis zum heutigen Tag diskreditiert es in vielen Spielarten die Botschaft des Nazareners. In einer spätjüdischen Schrift steht: „Die Reichen werden klagen: unsere Seele ist vom ungerechten Mammon gesättigt, aber das hindert nicht, daß wir hinabfahren in die Flamme der höllischen Pein."

Es soll hier nicht erneut mit der Hölle gedroht, das Geschäft mit der Angst betrieben werden. Nur: Zustände dieser Art liegen ja allerorts offen zu Tage. Gestehen wir es uns ein: die Hölle der Entfremdung von Mensch zu Mensch, diese überall zu bemerkende Herzenskälte der bürgerlichen Gesellschaft; das Gefühl, ständig in einer Tiefkühltruhe zu sitzen; das Kalkül des Interesses, das bei jeder Begegnung eingeplant wird, nach dem Motto: „was kann dieser Zeitgenosse mir nützen"; dieses hochgetrimmte Keep-smiling-Gehabe bei Partys und Socials, die Heuchelei in den Clubs und Vereinen, die Gartenzäune zwischen den Einfamilien-Reihenhäusern und die Gartenzwerge und die hochpolierten Statussymbole und die Teilhabe an den fonds of the fonds of the fonds – kurzum: das ganze Wohlstandsallotria, das ist die Hölle, das ist individuelle und kollektive Habsucht, das ist der Generalnenner, die Kardinalsünde unserer Tage. So geht es uns allen gut, so sind wir alle vom Mammon gesättigt, aber das hindert nicht, daß wir in der Flamme der höllischen Pein sitzen, oder umgekehrt: eingeschlossen sind vom ewigen Eis.

Bleibt die Schlußfrage: Was müßte eigentlich geschehen, damit unsere Augen geöffnet, unsere Sinne geschärft, unsere Herzen geweitet werden für die Schrecken der Habsucht und für die Erkenntnis der Befreiung von diesem Laster? – Im Gleichnis vom reichen Mann und armen Lazarus läßt Lukas den Erzvater Abraham ein fiktives und doch sehr reales Gespräch mit dem sorglos Reichen – und das sind doch wohl wir – führen: „Da sagte der Reiche: So bitte ich dich denn, Vater Abraham, daß du Lazarus in das Haus meines Vaters sendest, denn ich habe fünf Brüder, auf daß er ihnen sichere Kunde bringe, damit nicht auch sie an den Ort dieser Qual kommen. Abraham aber sprach: Sie haben Mose und die Propheten; sie sollen auf sie hören! Der jedoch sagte: Nein, Vater Abraham, sondern wenn einer von den Toten zu ihnen geht, werden sie Buße tun. Da sprach er zu ihm: Wenn sie auf Mose und die Propheten nicht hören, werden sie sich auch nicht gewinnen lassen, wenn einer von den Toten aufersteht."

Luise Rinser
UNZUCHT

Warum soll ich eigentlich von einem Negativum, von *Un*zucht oder *Un*keuschheit ausgehen? Warum nicht vom positiven Pol: von der Keuschheit? Mir läge es viel näher, Überlegungen anzustellen zu dem Worte Jesu aus der Bergpredigt: „Selig, die reinen Herzens sind", statt über das kategorische Gebot: „Du sollst nicht Unkeuschheit treiben."

Aber: meinen beide Sätze desselbe? Die Antwort auf diese Frage wird der Inhalt dieser Überlegungen sein.

Die Formulierung des 6. Gebotes stammt mitsamt der Interpretation aus dem Alten Testament, der Satz aus der Bergpredigt gehört dem Neuen Testament an. Es ist freilich nicht so, als gebe es das 6. Gebot im Neuen Testament nicht, und als fänden sich Sätze, die jenem aus der Bergpredigt ähnlich sind, nicht auch im Alten Testament. Aber es ist doch so, daß diese Sätze Ausdruck zweier verschiedener Weltkonzeptionen sind, zweier verschiedener Bilder vom Menschen also.

Das steinere Wort „Du sollst nicht Unkeuschheit treiben!" gehört in den Bereich einer Gesetzesreligion, in der eine menschliche Autorität, die sich auf die göttliche beruft, einen Gebots- und Verbotskatalog aufstellt, der dann absolut verbindlich ist für die Gruppe, die dieser gesetzgebenden Autorität untersteht. Jedem einzelnen der Gruppe wird das Gesetz der Gruppe von Kindheit an vorgestellt, eingeprägt, sanktioniert, so daß sich jenem ein Über-Ich bildet und dem entsprechend ein kollektives Gewissen. Jeder weiß genau, was er, nach dem allgemeinen Sittenkodex, tun und lassen muß. Dieser Art der Menschenführung liegt eine pessimistische Ansicht vom Menschen zugrunde, jene der Erb-Sündigkeit, der grundverderbten Natur des Menschen. Dieses von Jugend auf zum Bösen neigende Geschöpf muß durch klare strenge Regeln in Zucht gehalten werden. Du sollst, du sollst nicht, und wenn du nicht gehorchst, fällst du aus der Gemeinschaft – oder du mußt hart büßen. Im Alten Testament wußte man genau, was man dem 6. Gebot zufolge nicht tun durfte: nicht die Ehe brechen, keinen Geschlechtsverkehr haben mit Angehörigen anderer Rassen und Völker und Religionen, nicht homosexuell sein, den Samen nicht vergeuden zur Lust und ohne Zeugung, und nicht Sodomie treiben, also nicht mit Tieren sexuell verkehren, ein Verbot, das man nur versteht, wenn man das Hirtenleben kennt und weiß, wie das ist, monatelang keine Frau, überhaupt keinen Menschen nahe zu haben, nur Tiere. Auch die in andern Völkern erlaubte Tempelprostitution war bei den Juden verboten. Was ist eigentlich der Grund für diese strenge Haltung?

Die Situation der Juden, wie sie im Alten Testament beschrieben wird, war schwierig: ein kleines, monotheistisches Volk inmitten aggressiver heidnischer Nachbarvölker; eine kleine Elite mit großem Sendungsbewußtsein, die um ihr Überleben kämpft und die nur überleben kann, wenn sie eine fest geschlossene Gruppe bleibt, die zahlenmäßig möglichst stark anwächst, um dem Feind gewachsen zu sein. Daher muß sie viele Kinder zeugen. Daher kann sie sich keine Vergeudung des Samens leisten, zumal aus diesem

Samen, man weiß nur nicht wann, der Messias kommen wird. Auch seinetwegen mußte das Blut rein gehalten, vor Degeneration geschützt werden. So war denn das 6. Gebot ein „politikon", eingesetzt innerhalb des religiösen Bereichs, der in der Theokratie zugleich der staatspolitische war.

Absurderweise spielte dieses mosaische, jüdische Gesetz eine große Rolle in der antisemitischen Pseudo-Religion des Hitler-Faschismus: auch hier wurde die Reinhaltung des Blutes gepredigt. Schon 1933 erging ein Gesetz gegen Rassenmischung, d. h. Blutsschande, wurden Mischehen verboten. Auch hier wurden Homosexuelle bestraft, nämlich mit KZ, wo sie zum Spott aller einen rosa Stoffwinkel am Ärmel tragen mußten. Auch hier wurden während des Krieges Frauen mit Gefängnis bestraft, wenn sie mit Angehörigen anderer, besiegter Völker, also mit Kriegsgefangenen, geschlafen hatten, mit Franzosen, Polen, Holländern, Russen.

Das 6. Gebot ist erstrangig ein politikon und nicht eine Forderung der Ethik und Religion und des individuellen Gewissens.

Leider wurde das 6. Gebot auch im Neuen Testament, das heißt in der katholischen Kirche, wiederum zu einem politikon: zum Mittel der Unterdrückung. Fast jeder Katholik weiß, wie man ihm sein an sich natürliches Verhalten zur Sexualität und damit das Leben vergiftete, indem man die Sexualität, ganz entgegen dem Geiste des Christus Jesus, in den Bereich der Sünde abschob. Das ist nicht nur eine unterirdische Kommunikation mit dem Alten Testament, sondern auch die mit anderen Religionen und Philosophien, vor allem mit hellenistischen Anschauungen, mit der

Gnosis und dem Manichäismus, welche die Welt einteilten in zwei Reiche: das Reich des Lichts, das Reich der Finsternis.

Das Licht war ein anderes Wort für Geist, Finsternis ein anderes für die Materie. Zur Materie aber gehörte der Leib mit seinen Funktionen, also auch der Fortpflanzung. So wurde die Sexualität buchstäblich verteufelt, wobei als schlimmes Neben-Ergebnis auch gleich die Frau verteufelt wurde, die der Sexualität mehr unterworfen sei als der Mann, und welcher der Geist abgesprochen wurde – nicht etwa die natürliche Intelligenz, sondern die Geistigkeit, die Möglichkeit des gnostischen Erkennens und damit des Aufstiegs in den göttlichen Bereich also.

Wenn aber die Kirche andererseits viele Seelen braucht, um mächtig zu sein in der Welt, konnte sie die Sexualität denn doch nicht ganz verteufeln, sie mußte nur das Anathema schleudern gegen jeden nichtehelichen Geschlechtsverkehr, der zudem nur der Lust diente, nicht der Zeugung. Wir hörten es jüngst von höchster Stelle her: Homosexualität ist ein peccatum mortale, oder jedenfalls unerlaubt.

Ich habe viele homosexuelle katholische Bekannte, ich erlebte ihre Reaktion auf die päpstliche Rede: sie waren verzweifelt, einer beschloß den Selbstmord, andere den Kirchenaustritt. Man könne nicht in einer derartigen Schizophrenie leben. Ich habe ihnen allen geraten, sich zu erlauben, die Kirche nicht allein mit dem Papsttum und schon gar nicht mit einer einzigen Verlautbarung zu identifizieren. Ich habe damit der Kirche, ob ich's wollte oder nicht, einige Mitglieder erhalten.

Gerade im Hinblick auf die Homosexualität kann

man sehen, was Unkeuschheit ist und was nicht. Nach der Interpretation des 6. Gebots ist es zweifellos Unkeuschheit. Aber ist die Wirklichkeit so? Ich kenne seit sehr langer Zeit ein homosexuelles Paar. Zwei junge Männer, die zusammen arbeiten, zusammen leben, tadellosen Charakters sind, katholisch auch. Ihre Sexualität ist sehr beherrscht, ihre Art sie zu leben, ist schön. Ihre Beziehung ist Liebe, und die Sexualität ist in diese Liebe integriert. Ich finde sie keuscher als viele sogenannte „Normale“: die braven heterosexuellen Ehemänner, die mit ihren Sekretärinnen schlafen oder ins Bordell gehen oder lieblos aufgeregt ihre Ehefrau überfallen wie in einer Vergewaltigung, oder jene vielen, die nichts anderes im Sinne haben, als ihre Männlichkeit oder ihre Weiblichkeit immer aufs neue zu beweisen, indem sie schier wahllos umarmen, die ächtet man nicht. Warum nicht? Weil das eben *natürlich* ist.

Der Begriff des Natürlichen und des Widernatürlichen spielt auf diesem Sektor der Moral die entscheidende Rolle. Man identifiziert Unzucht, Unkeuschheit mit Widernatürlichkeit. Aber der Mensch ist nicht einfach *Natur*, und er hat seinen materiellen Leib mit seinen Fortpflanzungsorganen nicht nur zu eben diesem Zweck, sondern auch, das sagte sogar der Papst, als Mittel der Kommunikation von Mensch zu Mensch, als Mittel zum Ausdruck der zärtlichen Liebe. Warum sollte das nicht für jene Menschen gelten, denen das Schicksal den üblichen Weg versperrt und einen anderen geöffnet hat.?

Der Mensch ist das einzige Geschöpf, das frei über seine Sexualität verfügen kann. Er kann sie gebrauchen, er kann sie aber auch transzendieren, er kann sie aus dem rein Sexuellen, falls es dies überhaupt gibt, in Liebe verwandeln. Er kann das Bedürfnis nach körperlichem Ausdruck der Liebe auch variieren und andere Praktiken anwenden. Das tun heterosexuelle Liebespaare ja auch, und niemand findet sie pervers. Das gehört zur ars amandi, zur Liebeskunst. Das Liebesspiel ist eben *Spiel* und daher zweckfrei, es dient unsrer Freude. Sollen Homosexuelle dieses Spiels beraubt werden, zur Strafe dafür, daß ihnen das Leben aus irgendeinem erforschbaren konkreten Grund das sogenannte Normale versagt hat?

Auch homosexuelle Paare können, wie die andern auch, sowohl keusch wie unkeusch sein. Was das heißt, werden wir noch herausfinden müssen.

Wir werden es herausfinden, wenn wir das Wort Jesu vom „reinen Herzen" überdenken.

Jesus sagt nicht: Selig sind die Keuschen, die Enthaltsamen, die Zölibatäre. Er spricht nicht von Keuschheit, sondern von Herzensreinheit. Das sind keine beliebig auswechselbaren Wörter. Sie meinen nicht dasselbe. Der Begriff der Reinheit ist der umfassende und bei Jesus neue, aber zugleich der viel ältere. Wie das?

Als der ältere Begriff hat er mit der individuellen Ethik, von der Jesus spricht, nicht viel zu tun. Er gehört in den Bereich des Kults. Alle Religionen haben ihre Reinigungs-Gesetze, ihre rituellen Waschungen zur äußeren Reinigung, ihr Fasten zur inneren Reinigung. Wenn allen Religionen ein Phänomen gemeinsam ist, ohne daß direkte Nachahmung vorliegt, muß man annehmen, daß es sich um allgemein menschliche, tiefe Einsichten und Bedürfnisse handelt, die ritualisiert wurden. Der Mensch fühlt die Notwendigkeit, sich zu reinigen. Also fühlt er sich beschmutzt. Unrein. Aber wodurch unrein? Es gibt viele Tabus, die der einzelne von der Gruppenmoral übernimmt und solche, die er sich selber schafft. Jeder Beichtvater, jeder Psychotherapeut kennt dieses Phänomen.

Die Juden wurden unrein, wenn sie Schweinefleisch aßen oder wenn eine menstruierende Frau sie berührte. Muslim werden unrein, wenn sie Wein trinken. In östlichen Religionen wird man unrein, wenn man eine Leiche berührt. Und so fort. Wir Christen werden unrein, wenn wir unkeusch sind. Das ist etwas ganz anderes, als wenn wir stehlen oder betrügen oder verleumden oder auch, zumindest im Krieg, Menschen töten. Das alles ist rational erfaßbar. Aber alles, was mit der Sexualität zu tun hat, das hat irrationalen, magischen Charakter. Man könnte fast glauben, es liege auf unsrer Sexualität ein Bannfluch von Urzeiten her. Nun: wir glauben ja unreflektiert irgendwie immer noch, daß die Ursünde Adams und Evas darin lag, daß sie, verführt von der Schlange, diesem Phallussymbol, sich begatteten. Aber es war ja ihre Aufgabe, Nachkommen zu zeugen, und die Schlange ist keineswegs nur Phallussymbol, sondern Symbol der Weisheit und der Heilung. Also, so kann's nicht gewesen und gemeint sein. Und doch ist etwas daran, was uns angeht über alle Zeiträume hinweg. Die Ursünde oder sagen wir lieber: das folgenschwere Ur-Ereignis, lag darin, daß die Menschen sich aus der Einheit des Universums trennten und ihr eigenes Bewußtsein zu entwickeln begannen. Wir können das Phänomen nur begreifen als eine totale Des-integration. Der Mensch fiel aus der Natur heraus und zugleich aus Gott heraus, und damit fiel er selbst auseinander. Nur war er nicht mehr ein fragloses Ganzes, sondern ein Bündel widersprüchlicher Strebungen. So brachen auch Sexus, Eros und Agape, die transzendierte Liebe, auseinander. Das ist's, woran wir heute noch leiden: es stimmt etwas nicht mit unserem Leben und mit unserer Geschlechtlichkeit. Wir haben Mühe, Sexus und Eros, und dazu Agape, wieder zu integrieren.

Damit muß das Wort Jesu vom „reinen Herzen" zu tun haben. Ein reines Herz, was ist das? Hat es mit dem Gebrauch der Geschlechtskraft zu tun? Sicher, das auch. Aber es ist mehr. Aber was?

Wie stellte sich denn Jesus, der Meister, zur Sexualität? Halten wir uns an überlieferte, vernünftig zu interpretierende Fakten.

Es gibt die Geschichte von der Frau, die an Blutfluß litt und die das Gewand des Meisters berührte, um geheilt zu werden. Jesus spürte, daß eine Kraft von ihm ausging, und er wandte sich der Frau zu. Sie fürchtete Schimpf und Schande, denn sie hatte einen Mann, einen Rabbi berührt, und ihr Blutfluß machte sie tabu, sie hatte den Meister also verunreinigt. Was sagt und tut er aber? Er kann nicht verunreinigt werden durch diese Berührung. Er heilt die Frau.

Die zweite Geschichte: Die stadtbekannte Prostituierte oder Hetäre Maria von Magdalena berührt seine Füße mit ihren Lippen und Haaren, und die Pharisäer entsetzen sich, daß er das zuläßt. Er macht Maria Magdalena zu seiner Jüngerin, zur Freundin seiner Mutter.

Die dritte Geschichte: Er spricht mit der Frau am Jakobsbrunnen, die er als vielfache Ehebrecherin erkennt. Er lehrt sie esoterische Weisheit über die

Zukunft des Tempels und das wahre Verständnis des Symbols von Wasser und Geist.

Die vierte Geschichte: Die Leute bringen eine Frau zu ihm, die man dabei ertappte, wie sie die Ehe brach. Nach jüdischem Gesetz sollte sie sterben, und zwar zu Tode gesteinigt werden. Jesus sagte: Wer ohne Sünde ist, der soll den ersten Stein auf sie werfen. Da ging einer nach dem andern still weg. Zu der Frau sagte er nichts als: Sündige nicht mehr. Heißt das, daß er das 6. Gebot bagatellisierte? Keineswegs. An anderer Stelle sagt er: „Ich sage Euch, daß einer schon Ehebruch begeht, wenn er eine andere Frau mit Begierde anschaut.“ Wie passen nun diese beiden Haltungen zusammen.

Jesus kannte die menschliche Natur, er nahm liebevolle mitleidige Rücksicht darauf, wenn einer „unkeusch“ war. Aber er fand das alte 6. Gebot ungenügend, er trieb es viel höher hinauf und viel tiefer ins Innere des Menschen. Ihr sollt nicht einmal in Gedanken sexuell begehrlich sein. Nicht einmal in Gedanken! Damit erfahren wir etwas darüber, was das reine Herz ist: das Herz ohne ungeordnete Wünsche und Leidenschaften. Ein integriertes Herz, das jene Ur-Ordnung wiederhergestellt hat, in welcher der Mensch lebte, ehe er sich von Gott trennte, um seinen eigenen Leidensweg zur Bewußtwerdung zu gehen. Ein Herz, das heil ist. Heil und heilig gehören zusammen. Heilige sind Menschen mit heilem Herzen, mit ungeteiltem Herzen. Darüber ist noch mehr zu sagen. Wir kennen den Ausdruck: „ein sauberer Charakter“. Im alltäglichen Sprachgebrauch meint das jemand, der nicht heimtückisch ist, nicht lügt, nicht betrügt, auf den man sich verlassen kann.

„Sauber“ und „rein“ gebrauchen wir oft als gleichbedeutend. Im Bereich der Ethik müssen wir aber schärfer sehen. Ein „sauberer Charakter“ ist noch kein „reines Herz“. Man kann leicht als sauberer Charakter erscheinen, wenn man sich so benimmt, daß alle glauben, man sei es. Man kann aber recht wohl äußerlich ein sauberer Charakter sein, während man ein unreines Herz hat, nämlich eines voller bloß verdrängter, nicht ausgelebter Begierden.

Rein ist ein Mensch nicht schon dann, wenn er keine Sünde gegen das 6. Gebot begeht, also nicht die Ehe bricht, nicht ins Bordell geht, nicht Sodomie betreibt. Es kann viele Gründe geben, die ihm diese Sünden verbieten: Rücksicht auf die Meinung der Gesellschaft, Angst vor den Folgen, Hemmungen psychologischer oder nervlicher Art oder Mangel an Vitalkraft und grundsätzliche Begehrensschwäche. Eine alte Jungfrau, die nie angefochten war, hat vielleicht nie gegen das 6. Gebot gesündigt und ist dennoch nicht reinen Herzens. Oder ein Priester, der alle seine sexuellen und erotischen Wünsche erfolgreich verdrängt hat, um einer Karriere willen oder um dem Image vom Priester zu entsprechen, ist deshalb noch lange nicht reinen Herzens.

Die Herzensreinheit, die Jesus meint, muß jener entsprechen, die er den Kindern zuschreibt, von denen er sagt, daß ihre Engel Gott schauen. Ein sehr seltsames Wort. Wenn wir statt Engel sagen: Ihre Seelen, besser ihre Geistseelen, dann finden wir die Verbindung zu dem Wort der Bergpredigt: ein Mensch, der auf dem Spiralweg der geistigen Entwicklung die Reinheit des Kindes wiedererlangte, der wird Gott schauen. Es geht also um eine zweite Naivität, um eine Wieder-Integration der Strebungen, also auch der sexuellen. Es geht um eine zweite Natur, die schon Über-Natur ist.

Was das ist, können wir verstehen, ahnungsweise wenigstens, wenn wir den kirchlichen Akt des Taufsakraments betrachten. Das ist die große „Reinigung" der menschlichen Natur. Der Mensch, aus dem Mutterschoß geboren, gehört noch zur Natur. Er muß eine zweite Geburt erleben: die Wiedergeburt durch das Wasser und den Geist. Das Wasser ist Taufwasser, es wurde geweiht in der Osternacht, indem man die Osterkerze mit den nachgebildeten Kreuzesnägeln eintaucht. Dadurch wird das Element Wasser gereinigt von den Naturdämonen, die ihm innewohnen. Nun ist es fähig zu reinigen. Der im Wasser Getaufte ist nun rein, d. h. er kann den geistigen Aufstieg beginnen. Aber er muß auch durch den Geist wiedergeboren werden. Und das ist nicht nur ein einmaliger Akt in der Taufe, das ist eine lebenslange Arbeit der fortdauernden Reinigung.

Diese Reinigung nennt man Askese. Ein Wort, das aus unserm Wörterbuch des Lebens verschwunden ist. Askese? Das ist doch Verdrängung, nicht wahr? Im Gegenteil: es ist Befreiung der menschlichen Natur. So wie das Element Wasser durch die Berührung mit der Kerze, dem lumen Christi, dem Licht von Licht, entdämonisiert wird, ohne daß man ihm seinen Charakter des Elements Wasser nimmt, so wird der Mensch, ohne daß er seine Menschlichkeit und seine menschliche Natur verliert, über das nur Natürliche hinaus erhoben, indem er seine Natur beherrscht. Diese Beherrschung der natürlichen Sexualkraft bedarf der Übung. Dabei hilft es recht wenig oder gar nicht, daß man den Blick starr auf das 6. Gebot fixiert. „Du sollst nicht Unkeuschheit treiben!"

Dieser starre Blick auf das Gesetz erweckt die Lust der Übertretung, oder er erzeugt jene Verdrängung, die schwere Neurosen schafft. Was also kann man tun, um reinen Herzens zu werden?

Frage: Was geschieht denn bei der recht verstandenen Askese, wie sie in allen Religionen empfohlen wird?

Einfach das, was man in einem Bild sagen kann: der nur natürliche sinnliche Mensch ist ein Wagen, den die vorgespannten Pferde beherrschen, er hat sie nicht in der Hand, sie rasen mit ihm dahin, bis der Wagen umstürzt. Der Mensch, der durch Askese gelernt hat, den Wagen zu lenken, hat die Zügel in der Hand, und die Pferde gehorchen ihm mühelos.

Dieses *mühelos* ist entscheidend. Es ist schlecht, wenn ein Mensch in der dauernden Anspannung des Neinsagens zu seiner Sexualität lebt. Das hält er nicht aus, daran zerbricht er, das führt ins Pathologische. Leicht muß es ihm sein, auf die Betätigung seiner Sexualkraft zu verzichten, wenn der Ort, die Stunde, der Partner nicht die richtigen sind. Er muß aber auch loslassen können und frei handeln, wenn die Liebe ihn leitet. Weder das wahllose Ja noch das starre verkrampfte Nein ist menschlich. Im Griff muß man seine Sexualität haben. Das aber will geübt sein und nicht nur und nicht zuerst auf dem Gebiet der Sexualität. Man muß lernen, sich etwas zu versagen. Die Verzichte, die man sich freiwillig auferlegt, haben Übungscharakter für den Fall, daß man um einer größeren Sache wegen auf Wunscherfüllung verzichten kann. Ungefesselt muß man sein, nicht verstrickt in seine

Triebe. Ein reines Herz, das ist ein freies, frei von Machtgier, von Besitzgier und frei im Gebrauch der Sexualität. Unter den uralten Mitteln der Selbstbefreiung wird immer das Fasten und Beten genannt. In dieser Art der Askese geschieht eben diese Befreiung des Herzens. Es geschieht eine Reinigung, ein Aufräumen, ein Ausräumen, es wird eine Leere geschaffen, ein offener Raum, in den andere, höhere Kräfte einströmen können. Jede Askese ist eine Dämonenaustreibung, eine Heilung von Besessenheiten, von Fixierungen auf Triebwünsche. Ein besetztes Herz ist unrein. Vom offenen freien Herzen sagt Jesus, daß es befähigt wird, Gott zu schauen. Was heißt das? Das Gott-Schauen ist nicht etwas, das für eine Zukunft etwa im Himmel gemeint ist. Das *ist*. Das ereignet sich *hier* und *jetzt*. Ein Mensch, dessen Herz frei ist von ungeordneten Triebwünschen, erfährt Gott.

Es ist bedeutsam, daß sexuelle Enthaltsamkeit in allen Religionen bei der geistigen, der spirituellen Entwicklung eine große Rolle spielt. Der Zölibat der katholischen Priester, Mönche und Nonnen ist nicht einfach ein Faktor der Machtentfaltung und Repression, sondern ein Mittel zur Befreiung des Menschen zum Geist hin. Er ist freilich eine Maximalforderung und nur von wenigen freiwillig und untadelig zu erfüllen. Für die andern geht es darum, daß sie ihre Sexualkraft richtig und *schön* anwenden. Das kann man aber nur, wenn man frei über sie verfügt. Das *kann* der Mensch, und damit rechnet Jesus, wenn er vom reinen Herzen spricht, das Gott schauen kann. Er sieht den Menschen nicht als durch Vererbung determinierte Natur, die nur durch das strenge Gesetz in Zucht gehalten werden kann, sondern als das übernatürliche Geschöpf, das Gotteskind, das göttliche Geschwister, das seinen Weg und sein Ziel selbst wählen kann. Darum lenkt Jesus den Blick des Menschen nicht auf die steinerne Tafel mit dem steinernen „Du sollst nicht Unkeuschheit treiben", sondern auf das hohe Ziel: Gottesschau. Du kannst Gott schauen, wenn du reinen Herzens bist, wenn dein Herz nicht besetzt und gefesselt ist von deinen egoistischen Trieben.

So macht Jesus aus einem politisch-moralischen Gesetz eine spirituelle Weisung zur Seligkeit. Dazu gibt es ein wunderbares Wort Jesu, zu dessen vollem Verständnis etwas vorausgesagt werden muß. Jesus spricht vom Auge, das rein sein muß. Er meint mit Auge das *innere* Auge, das ethische Gewissen, besser: den übernatürlichen Sinn im Menschen, mit dem er das Geistig-Göttliche erfahren kann:

„Dein Auge ist die Leuchte deines Leibes. Ist dein Auge gesund, so ist dein ganzer Leib Licht. Ist es aber krank, so ist dein Leib in Finsternis. Sieh also zu, daß das Licht in dir nicht Finsternis werde. Wenn dein ganzer Leib Licht ist und kein Teil im Dunkel steht, so ist alles ganz hell."

Wenn *kein* Teil im Dunkeln steht, also auch nicht jener Teil, den wir Geschlechtlichkeit nennen. Noch einmal: Jesus macht aus einem Moralgesetz eine Sache der geistigen Erkenntnis. Mit dem Blick auf dieses Wort können wir das, was die Tradition mit dem Laster der Unzucht oder mit der Sünde der Unkeuschheit meinte, neu interpretieren: Verdunkle dir dein Licht nicht durch ungeordneten Gebrauch deiner Sexualkraft. Was aber ungeordneter Gebrauch ist, das sagt dir dein Gewissen. Du hast dein Gesetz in dir.

Rudolf Otto Wiemer

ZORN

In meinem Geburtsort Friedrichroda/Thüringen bezogen meine Eltern nacheinander drei Wohnungen. Die erste lag am Friedrichsplatz und hat, außer einem herbangenehmen Geruch nach Kuhstall und Milch, keine Erinnerung mehr für mich. Die zweite befand sich in der Lindenstraße, wo ich Kindheitsängste durchzustehen hatte, aber auch das Gras entdeckte, den Schnee, das Baumlaub, das erste Bilderbuch und die zuzeiten süß und abenteuerlich vom Schützenplatz herüberklingende Karussellmusik. Die dritte Wohnung wurde gemietet, kurz bevor ich in die Schule kam. Sie war groß und schön, in der Mitte des Orts gelegen, der Kirche gegenüber und dem hochaufragenden Turm, dessen Zifferblatt ich täglich vor Augen hatte und dessen Glockenschlag mir ebensoviel Glück wie Schauder zuzumessen schien, denn dort, Herzog-Ernst-Platz 37, holten Krieg und Abschied mich ein; dort lernte ich auch den Zorn kennen.

Nicht bloß den gutgemeinten, wenngleich eifrigen pädagogischen Zorn meines Vaters, der ihm als Lehrer ohnehin von Behörde und Volksmeinung vorgeschrieben war, (ein guter Schulmeister hatte streng zu sein), und der ihn deshalb von Zeit zu Zeit bewog, mich die strafende Hand spüren zu lassen, nicht viel anders und jedenfalls im gleichen Sinne, wie Jahwes heiliger Zorn die ungehorsamen Kinder Israels heimsuchte. Doch dieser Zorn war es nicht, der mich schreckte, obwohl auch in ihm gewisse Anzeichen der Eskalation zu bemerken waren: die härtere Stimme, das Blitzen des Auges, die momentane Verfremdung – stärker traf mich, den Unbeteiligten, der Zorn nebenan, sooft der sonst zu Späßen aufgelegte Nachbar Rott unversehens, wie man so sagt, aus der Haut fuhr und plötzlich nicht mehr derselbe war wie kurz vorher.

Karl Rott, der eine jener Friedrichrodaer Wäschereien betrieb, wie sie damals von Haus zu Haus üblich waren (man wusch, bleichte und trocknete Wäsche aus Berlin, Frankfurt, Leipzig, Stettin, holte sie schmutzig in Weidenkörben vom Bahnhof ab und brachte sie blütenweiß dorthin zurück, ein mühsamer Prozeß der Reinigung, den das großartig weiche Wasser des Schilfbachs ermöglichte) – dieser unermüdliche, sangesfreudige und gesellige, allerdings ziemlich kleingewachsene und in diesem Punkt empfindliche Karl Rott schien jäh das Bedürfnis nach Vergrößerung seiner selbst zu empfinden: er reckte sich, rief: „Willi!“ mit schneidender Stimme über den Hof, durch das Haus, die Stimme geriet rasch ins Schreien, sie übertönte mühelos die Einwände der Frau, die ruhigeren Gemüts war, das Schreien steigerte sich zum Brüllen, wenn die Wäscherinnen ebenfalls das Sänftigen versuchten, kurz, Karl Rott war, vom Zorn infiziert, nicht mehr zu halten. Er zog, nachdem Willi, der Delinquent, schuldig oder nicht, zur Stelle geschafft war, den Riemen vom Hosenbund und, indem er mit der Linken die rutschende Hose festhielt, schlug die Rechte mit dem Riemen auf den zwischen die Knie geklemmten, heulenden Willi ein, schug und schlug ohne Erbarmen und Verstand so lange, bis dem Schlagenden der Arm wehtat oder die Hose wegrutschte oder Willi mit einem Ruck aus der Kniepresse entwich – dann erst schnappte der Nachbar nach Luft, blickte sich rechthaberisch triumphierend im Hof um, und band den Riemen fest und ging, gleichzeitig verwirrt und erleichtert, mit kleinen Schritten davon, geduckt, die Vorwürfe der Frau barsch abwehrend. Er war, wie gesagt, kein schlechter Mensch, wir hörten den Witzen, die er beim Kartoffelroden oder beim Heuaufladen zum besten gab, begierig zu; auch ein Schweinchen schlachtete er alljährlich und schlug die blechernen Becken, sooft der Gesangverein mit Musik einen Ausflug in die Wälder machte; später allerdings, nach vier Jahren Krieg, aus dem er unversehrt, aber spürbar verändert im Gemüt heimkam, hängte er sich im Kohlenschuppen auf.

Hier schon, bei der rasch sich steigernden Exekution, wurden, dem zuschauenden Kind noch unbegreifbar, die Elemente des lasterhaften, des zerstörerischen, weil unmenschlichen Zorns deutlich: seine Jähheit, seine unberechenbare, nicht zu bremsende Wucht, sein diktatorischer Anspruch, besonders aber sein lustvoll wachsender Vollzug, der fast schon wie Selbstbefriedigung aussah.

Das Kind war damals gerade eingetaucht in den zwiespältigen Bereich der Schule. Es schickte sich an, die Welt im Schreiben, Lesen, Singen und Rechnen (die Reihenfolge ist nicht zufällig), zu begreifen, mußte aber gleichzeitig erleben, wie das freundliche Geheimnis dessen, was man Lernen und Erfahren nennt, auch dort vom Zorn beherrscht, vom Stock abgesegnet wurde. Denn hier, in der Schule, hatte der Zorn seine Stellung noch beharrlicher ausgebaut als zu Hause oder in der Nachbarschaft, hier gehörte er zur Institution.

Gewiß gab es Lehrer, die sich in der Gewalt hatten, die, wenn schon, ohne Zorn straften, manchmal sogar ohne persönliche Beteiligung, wie jener ältliche Junggeselle, ein Ornithologe übrigens von Rang, der kühlen Herzens nie mehr als abgezählte zwei Stockhiebe austeilte und sich jedesmal vorher vergewisserte: „Hast du heute schon bekommen?" Wenn ja, so wurde die noch fällige Zahl der Schläge im Notizbuch registriert und am nächsten Tag sorgfältig nachgeholt, wie gesagt, ohne Zorn, ohne emotionelle Beteiligung. So sehr das auch zum Spott reizte, (generationenlang wurde dieser Brauch zur lustig nacherzählten Anekdote), so sehr das Gesicht menschlichen Handelns hier gewahrt blieb – war der reguläre, unversehens aufflammende Zorn, der die trockene Luft des Klassenzimmers sonst in Gewitteratmosphäre verwandelte, da nicht eher erträglich? Schlimm war ja nie der einzelne Strafakt, dessen Berechtigung meist eingesehen oder gottergeben hingenommen wurde – schlimm und deshalb gefürchtet war die nicht vorhersehbare Akzeleration, die aufflammende Wut, die den Strafenden öfter als notwendig ergriff. Er war, das spürten die Opfer, dann seiner selbst nicht mehr mächtig. Der Zorn schüttelte ihn, ließ ihn blind und ungerecht werden. Und dies, nämlich die grausame Erkenntnis: auch der Erwachsene, ein Lehrer gar, der sämtliche Hauptstädte der Welt auswendig weiß, der jede Rechenaufgabe löst, der lehrreiche Geschichten erzählen und kunstvolle Gedichte aufsagen kann – auch er war dem Unmaß untertan, der Verlockung der Gewalt, die er sonst in frommen Sprüchen verurteilte. Wo blieb das mühsam aufgebaute Leitbild dessen, der ein Exempel für Menschlichkeit darzustellen bestimmt schien? War das die Person, die zu verehren man den Schüler anhielt? War das überhaupt noch eine Person? Konnte man sie noch erkennen, sobald die Woge des Zorns über ihr zusammenschlug?

Hinzu kam die Macht der Gewohnheit, die gefährlicher sich auswirkt als die einzelne Entgleisung. Daß ein Lehrer, der dem Mutwillen der Kinder und ihrer gottseidank hartnäckigen Vitalität ausgesetzt ist, zuzeiten die Geduld verliert und (damals noch allgemein) handgreiflich wird, das ist nicht die eigentliche Gefahr. Gefährlich ist, daß der Strafende sich an eine solche Manipulation gewöhnt. Denn erst dann erschrickt er nicht mehr über sich selbst; er verliert die Kontrolle über den Zorn, er pervertiert dessen manchmal auch reinigende Funktion, er wird zur Unperson und überschreitet blind die von ihm selbst gesetzte pädagogische Grenze.

Reinigende Funktion de Jähzorns – was wäre darunter zu verstehen? Etwa die Klärung eines umstrittenen Tatbestands (wie einem Gewitter die Klärung der stickigen Atmosphäre folgt)? Oder die gewaltsame Festigung eines bezweifelten Machtanspruchs? Beides, so scheint uns, vermag der Zorn nur scheinbar auszurichten. Denn er herrscht diktatorisch, er überzeugt nicht, er verurteilt zum Schweigen, noch mehr, er deformiert den anderen, indem er ihm die Waffen des Widerstands, als da sind: eigene Meinung, vernünftiges Überlegen, Mut und geduldiger Zuspruch, brutal aus der Hand schlägt. Immer bleibt lähmende Betroffenheit zurück, eine existentielle Resignation, die die Atemluft zwischen den Partnern vergiftet, wie dies bei einem meiner Onkels geschah, der zu Weihnachten von der Tante ein Hemd geschenkt bekam und, als er es zum ersten Mal anziehen wollte, mit dem Kopf darin steckenblieb, weil der oberste Knopf den Kragenbund tückisch verschloß. Eine Wilhelm-Busch-Szene, gewiß, und leider mit gleicher grausamer Konsequenz. Denn was tat der Onkel, dessen Gemütsart sich auch sonst zwischen aufgesetzter Zärtlichkeit und abruptem Zorn bewegte? Er packte das renitente Hemd mit beiden Fäusten, zerriß es und schleuderte die Fetzen in die Schlafzimmerecke. Dort blieb das deformierte Kleidungsstück drei Wochen lang liegen, zum Kummer der Tante und zu des Onkels täglicher Beschämung.

In der Tat, hier war ein Punkt erreicht, von dem eine Wandlung hätte ausgehen können. Nehmen wir an, der Onkel wäre beim zufälligen Blick in den Spiegel über sich selbst entsetzt gewesen; billigen wir ihm weiterhin zu, er hätte gemurmelt: „Was bin ich doch für ein Idiot!“ und hätte eine Weile an die Wand gestarrt, fassungslos – der Schritt zur Abwendung vom Bösen, vielleicht sogar zur Umkehr wäre nicht mehr unvollziehbar gewesen. Denn die Reue der Zornmütigen, der Rückschlag gegen sich selbst, ist ebenfalls eine nicht wegzuleugnende, manchmal sogar bedrohliche Tatsache. Die Selbstzerknirschung kann nämlich den gleichen Sättigungsgrad annehmen wie der Furor; sie kann dazu führen, daß der Verzweifelte die Wucht der Zerstörung gegen die eigene Person richtet, wie bei einem meiner Großväter, der, nachdem der Sohn, weil er den Jähzorn des Vaters nicht mehr ertrug, nachts aus dem Fenster geklettert und davongegangen war, so um 1895, in langes, monatelanges selbstauferlegtes Schweigen verfiel. Das Außersichsein des Großvaters, der ein Schmied war, verlor seitdem, wie man mir später erzählte, seine blindwütige Unkraft (denn „Kraft“ ist etwas anderes) – auch dies kein Anlaß für leichtfertigen therapeutischen Optimismus, wohl aber ein Zeichen, wenn auch ein winziges, der Hoffnung.

Ob vom verstorbenen Ehemann unserer Hauswirtin Gessert das gleiche zu berichten gewesen wäre, entzieht sich meiner Kenntnis. Ich war damals, wie gesagt, ein Kind von sieben oder acht Jahren, als ich die Geschichte seines Zorns erfuhr. Frau Gessert, ein gebücktes, rotbäckiges Weiblein mit rattenschwanzdünnen grauen Zöpfen, die sie sorgsam um den Kopf herum legte, hat mir das Vorkommnis selber erzählt, nicht mal seiner Abstrusität wegen, sondern vielleicht nur, um mich und meine Spielkameraden von den Äpfeln fernzuhalten, denn um die Äpfel ging es.

In Gesserts Garten standen mehrere solcher Bäume, und wir Kinder konnten wie weiland Eva im Paradies der Versuchung nur schlecht widerstehen, von den Früchten, die unter Verbot standen, zu essen. „So war es zuzeiten meines Mannes auch“, erklärte Frau Gessert. „Immer wieder rissen die Kinder unreife Äpfel ab, und je öfter es vorkam, umso häufiger und strenger verbot es der Alte. Ich warnte die Übeltäter, denn ich kannte meinen Mann, den Brausekopf, und sah Böses voraus. Daß es so blind und gewalttätig ausfallen würde, konnte ich freilich nicht ahnen. Was geschah? Nachdem der Alte vom Fenster aus die Kinder mehrfach vergeblich ermahnt und fortgescheucht hatte – es war, glaube ich, ein heißer Tag im September –, stürzte er plötzlich wutentbrannt aus dem Haus. In der Faust trug er eine Axt, und mit dieser Axt hieb er auf den Baum los, der über und über voll halbreifer Früchte hing. Ich hörte das Krachen und

Splittern, ich sah, als ich in den Garten rannte, den hochroten Kopf des Alten – er war, wie sagt man doch? – er war außer sich. Kein Zureden half, im Gegenteil, jedes Wort schien die böse Kraft des Mannes zu verdoppeln. Schließlich stand er mit hängenden Armen vor dem niedergestürzten Baum. die Äpfel lagen auf dem Rasen verstreut. ‚Die reißt mir keiner mehr ab!' schrie er und hob die Faust in die Richtung der Nachbarschaft, wo am Zaun ein paar neugierige Gesichter auftauchten. ‚Du Narr!' sagte ich. ‚Weißt du überhaupt, was du getan hast?' Er starrte mich wütend an, kehrte mir den Rücken zu und ging wortlos ins Haus. Was in ihm vorging, weiß ich nicht genau. Er sprach tagelang nicht mit mir, als wäre ich an der Sache schuld. Mit den Nachbarn war er sowieso verfeindet, und jetzt hatte er den Spott dazu. Merkt es euch, ihr Kinder!" So oder ähnlich schloß Frau Gessert ihren Bericht.

Was sollten wir uns merken? Doch wohl, wohin der Jähzorn den Menschen treibt, denn von den stibitzten Äpfeln war bei solchem Unmaß der Gewalt nicht mehr die Rede.

Die gute, alte Frau Gessert! Ahnte sie, daß in der bedächtig erzählten Anekdote so etwas wie ein klassisches Muster für die ausgreifenden Folgen des Jähzorns steckt? Vielleicht sogar für die närrische Komponente in den Verkehrtheiten dieser Welt? Oder für den Aspekt der Großartigkeit dessen, was man „Austoben" nennt?

Man vergegenwärtige sich doch diesen Mann mit der Axt einmal ohne moralisierendes Vorzeichen, ganz aus artifizieller Perspektive! Dieses lodernde Auge! Diese Präsenz der Kraft! Dieses Übermaß totaler, wenn auch illusionärer Herrschaft! Kennen wir nicht herrliche Hexameter, die den Zorn Achills oder Agamemnons in glühenden Worten beschreiben? Ist der furor teutonicus umsonst so geschichtsträchtig geworden? Hat er nicht Empfindungen ausgelöst, die zwischen Abscheu und Bewunderung auffällig schwanken? Und ist der Zorn unter den Lastern nicht überhaupt dasjenige mit dem mächtigsten Gesicht? Die Lüge verschleiert, der Neid verengt, die Trägheit schwemmt auf, der Haß verzerrt, die Traurigkeit stumpft ab, die Sucht macht zittern, aber der Zorn leuchtet. Er explodiert, er zieht eine tolle Schau ab und kann nicht selten den Glanz des Gewitters spiegeln. Deswegen ist er ja so verführerisch, weil in ihm die Perversion der Selbstbestätigung steckt, Triumph und Niederlage und Narrheit zugleich. Der Mann, der in den Teppich beißt, ist er uns noch in Erinnerung? Wissen wir nicht, welch böse Faszination von ihm ausging?

Das freilich ist keine Kinderfabel mehr, auch kein glorifizierter Nachklang vorzeitlicher Sage. Hier beginnt das Szenarium der Geschichte, das in allen Zeitaltern eine merkwürdige Affinität zum Laster des Jähzorns hat. In welchem Ausmaß (oder Übermaß) mag er, der Zorn, bei jenem Karl, den man den Großen nennt, beteiligt gewesen sein, als die Sachsen bei Verden an der Aller geschlachtet wurden? Und wie haben die Fürsten im Bauernkrieg ihn, den Zorn der Rache, verkraftet? Hat nicht selbst ein Politiker mit Würde und Augenmaß wie Bismarck, als er die Gelegenheit günstig fand, zum Mittel des Volkszorns gegriffen, als er den Wortlaut der Emser Depesche schärfte und zuspitzte?

Genug der historischen Beispiele, die ohne Mühe

zu vervielfältigen wären. Auch wenn ich mich, wie vorgenommen, auf die eigene Erlebnissphäre beschränke, so bleiben noch genug erzählbare Exempel übrig. Das beginnt mit dem Tag der Mobilmachung im Ersten Weltkrieg, als ich, ein Junge von 9½ Jahren, mit Staunen sah, wie in einer Aufwallung schicksalsträchtiger Solidarität und jenseits jeder Etikette Männer auf offener Straße sich umarmten, wie sie in „heiliger Empörung" die Fäuste gegen den Erbfeind reckten und glühende Schwüre für Kaiser und Vaterland laut wurden. Waren diese Männer blind? Hatten sie den Verstand verloren und, was schwerer wog, ihr ureigenstes Interesse? Heute weiß ich: dies alles war der Fall. Sie befanden sich im Zustand der Entäußerung, der Depersonalisierung. Das Feuer des heiligen Zorns, geschürt von ebenso Berauschten, von ebenso blind Fortgerissenen, hatte sie ergriffen, da gab es keine Bremse und kein Halten mehr.

Und ist ein Phänomen wie Hitler anders zu erklären? Freilich, der Jähzorn ist nur eines der zahlreichen Kriterien, die uns in der Diagnose dieses Un-Menschen zu Gebote stehen, doch sollte es zu weit hergeholt sein, die Aufwiegelung der Massen und die Etablierung der Macht mit dem Hitzegrad des Volkszorns, der sich gegen Versailles, gegen die Juden, gegen das Versagen der bürokratisch und wirtschaftlich eingeengten Demokratie richtete, in Verbindung zu bringen? Wir haben sie doch noch im Ohr, die grollende Stimme, die, von Drohung zu Drohung sich steigernd, jäh wie eine Stichflamme in hysterischem Geschrei emporschoß und alle Barrieren der Vernunft, der Geduld, der besonnenen Abwägung verbrannte. Wäre es sonst zu Auschwitz, zum Synagogensturm gekommen? Und zu jener Wahnsinnsfrage: „Wollt ihr den totalen Krieg?“ Und zur noch wahnsinnigeren Antwort: „Ja, wir wollen ihn!“?

Oh, wir wissen es seitdem etwas genauer: der Volkszorn hat, auch wenn er Choräle intoniert oder sich auf Allah und den Propheten beruft, kein Alibi zu erwarten. Er ist, sogar als revolutionäres Mittel, todbringend, ungerecht und verderblich. Aber weiß der privatim Zürnende, auch wenn er sich bloß in seinen vier Wänden austobt, daß er schon da in seinem Herzen die Macht des Bösen stärkt, die, aus Millionen winziger Quellen sich speisend, schließlich zum allesvernichtenden Todesstrom wird? Weiß er, daß er, indem er sich absolut setzt, der Urlosung der Schlange folgt: Ihr werdet sein wie Gott? Weiß er, daß er die Bande des Vertrauens zerreißt, daß er das Gebot der Liebe und des Erbarmens, nämlich alles, was in 1. Korinther 13 zur Humanisierung der Erde und des Menschen gesagt ist, außer Kraft setzt? Jedes Laster – unsere Voreltern hätten es mit „Sünde“ bezeichnet, weil es den Menschen aussondert von seinen Mitmenschen – trägt zur Entstellung der Gesellschaft bei, zum fortschreitenden Erkalten der Atmosphäre.

Deshalb ist auch der Zorn kein Kavaliersdelikt, keine Bezeugung selbstbewußter Männlichkeit; er ist nicht entschuldigt mit hochgemuter Stimmung oder allenfalls noch gelegentlicher Gereiztheit. Nein, er hat es zu verantworten, wenn zuletzt die Gesetze internationaler Übereinkunft, Iran war nur *ein* Beispiel, ignoriert und mit Füßen getreten werden, wenn, (um vor der eigenen Tür zu kehren), jährlich hundert Kinder, die Dunkelziffer nicht gerechnet, von der jäh aufgehobenen Faust der eigenen Eltern sterben. Der

Zorn ist der Anfang, die Mordtat das Ende – so einfach ist das.

Wie aber herauskommen aus der teuflischen, nicht endenwollenden Spirale? Liegt das nicht außerhalb unserer Macht? Haben wir nicht auch jene Stimme im Ohr, die sagt: „Denn das Gute, das ich will, das tue ich nicht, sondern das Böse, das ich nicht will, das tue ich"? Warum also brennen immer wieder alle Sicherungen durch?

Die Antwort auf solch verzweifelte Fragen kann nicht eindeutig und für jeden gleich gegeben werden. Sicher ist, daß die Schritte der Umkehr sehr klein sein werden. Tägliche Einübung ist gefordert, ein langer, hartnäckiger Lernprozeß, der den Rückfall nicht scheut, weil er ihn einkalkuliert. Und vielleicht ist manchmal auch ein erinnerndes und mahnendes Zeichen nötig, wie ich es, nun nicht mehr ein Kind, sondern ein zuweilen selbst Betroffener, im Hause meines Dorfnachbarn fand. Diese Geschichte – vielleicht ist sie eine Ermunterung – will ich zum Schluß noch erzählen.

Sooft ich in Nachbar Merbachs Stube trat, sah ich dort über dem Sofa eine Kastenuhr, die niemals ging und niemals schlug. Ich wunderte mich über diese Nachlässigkeit, denn an Geld, die Uhr reparieren zu lassen, fehlte es Merbach nicht; auch war er sonst peinlich genau und duldete keine Unordnung in seinem Haus.

Ich entschloß mich daher eines Tages, ihn zu fragen, was es mit der Uhr für eine Bewandtnis habe, bereute aber meinen Vorwitz sogleich, denn Merbach sah mich betroffen an und machte eine abwehrende Handbewegung. Ich stotterte etwas von Entschuldigung, doch er hatte sich schon gefaßt und meinte, vielleicht wäre die Geschichte nützlich zu hören, auch wenn sie für ihn eine bittere Erinnerung bedeute. Wir setzten uns beide an den großen Tisch, und er richtete es so ein, daß er der Uhr gegenüber Platz nahm.

„In meinen jungen Jahren", sagte er zögernd, doch ohne Verlegenheit, „war ich ein jähzorniger Bursche, der seinen Eltern manches zu schaffen gemacht hat. Das wurde auch nicht anders, als ich mich verheiratete, im Gegenteil, da die Alten neben uns im Haus wohnten, verging fast kein Monat, an dem nicht der Vater, dem noch alles gehörte, schwor, mich vom Hof zu jagen. Der Alte, müssen Sie wissen, war zeit seines Lebens ein rasch entschlossener Mann, na ja, und ich mochte das hitzige Blut von ihm geerbt haben, denn ich reizte ihn auf unbedachte Weise, manchmal auch vorsätzlich. Vergebens redete die Frau mir zu, das Hausrecht des Älteren zu achten. Die Mutter kam sogar heimlich in meine Kammer, die Kinder saßen bedrückt in den Ecken und fürchteten sich – nichts half. Ich blieb in dieser Sache taub und wollte auch nicht sehen, daß der Alte sich offensichtlich zurückhielt. Weshalb ich dem Trotz dermaßen freie Hand ließ, heute verstehe ich es nicht. Doch vielleicht muß es erst derb genug kommen, damit man sich selber erkennt."

Der Nachbar sah mich lächelnd an. „Eines Morgens", fuhr er fort, „wollte ich Heu einfahren. Es war ein herrliches Wetter im Juni, heiß in der Sonne und doch frisch. Ich ging also in den Stall, um die beiden Kühe zu holen. Daß die eine von ihnen bald ein Kalb bringen sollte, wußte ich wohl, auch daß es nicht ratsam sei, sie an diesem Tag vor den Wagen zu spannen. Doch die Lust, in einem Zug die Heuernte zu bewältigen, hatte mich gepackt. Und da ich ein kräftiger Kerl war, sah und hörte ich nichts von Bedenken. Vielleicht wäre ich noch zur Besinnung gekommen, wenn nun nicht die Meinigen begonnen hätten, mir ins Gewissen zu reden. Ich sperrte mich, wie damals oft, ich lachte, ich schrie, bis der Alte von der Sache erfuhr und langsam vom Hof in die Stube kam, wo ich gerade einen Schluck Kaffee aus der Kanne trank."

Merbach unterbrach sich und zeigte mit den Augen nach der Wand: „Damals ging die Uhr noch. Es muß gerade drei Minuten vor sechs gewesen sein, und das folgende spielte sich so rasch ab, daß niemand Zeit fand, sich zwischen uns zu stürzen.

Der Vater blickte mich streng an und sagte leise aber bestimmt: ‚Christian', sagte er, ‚die Kuh bleibt im Stall.'

Ich setzte die Kaffeekanne auf den Tisch. Dabei merkte ich, wie das Blut mir in den Kopf schoß. Halblaut erwiderte ich, die Kuh werde trotzdem angespannt, trotzdem und nun erst recht.

Der Vater wiederholte ebenso leise und bestimmt, obwohl seine Mundwinkel zuckten: ‚Und ich sage dir: die Kuh bleibt im Stall.'

Mir wurde es rot vor den Augen. Ich trat einen Schritt vor, packte den Vater an der Jacke und hob die Faust – da, in dieser Sekunde (ich sehe noch die Augen des Alten, sein weißes Haar und das zitternde Kinn), in dieser Sekunde also holte auch die Wanduhr zu ihrem unschuldigen Schlag aus. Sie begann ein wenig zu schnurren, doch schlug sie nicht, sondern verstummte, als läge das in ihrem Willen, plötzlich ganz.

Wir standen, solange das Geräusch gedauert hatte, unbewegt. Jetzt ließ ich den Arm herabfallen, ging zur Wanduhr und hielt, wie schon das Schlagwerk ausgesetzt hatte, nun auch das Perpendikel an. Es war genau sechs Uhr."

Der Nachbar, als er bemerkte, daß ich zur Kastenuhr hinüberblickte, die noch immer still und ohne Bewegung die Sechs zeigte, erhob sich und sagte: „Von dieser Stunde an war ich meinen Jähzorn los. Nicht so, daß ich völlig sicher gewesen wäre, aber ich widerstand, sobald es über mich kam. Ich versöhnte mich mit dem Alten, und wir haben noch manchen Sommer zusammen gewirtschaftet, ohne ein böses Wort. Alles wurde anders und gut. Nur die Uhr, verstehen Sie, die durfte nie wieder schlagen."

Dorothee Sölle

NEID

Als eine Freundin mir erzählt, ihre Tochter spiele jetzt Geige im Quartett, sage ich spontan: „Das ist toll, da bin ich richtig neidisch".

Als Schneewittchens Mutter vom Spieglein an der Wand hört, daß ihre Tochter noch viel tausendmal schöner als sie sei, wird sie „grün und gelb vor Neid" und beschließt, das Mädchen zu töten. Franz Moor in Schillers Räubern vergleicht sich selber mit dem begabteren, liebenswürdigen, schöneren Bruder. Neid, seine tiefste Empfindung, macht ihn zu einem abgefeimten Schurken.

Was ist Neid? Das Wort schillert in verschiedenen Bedeutungen: vom einfachen Vergleich zwischen dem, was ein anderer hat und kann oder darstellt, über Mißgunst, Haß, Eifersucht, Zerstörungssucht, Ressentiment und Schadenfreude. Niemand ist frei von der Empfindung des „das möchte ich auch" haben oder können, solches Sich-Vergleichen ist nur natürlich und mit der Sozialität des Daseins gegeben. Das althochdeutsche Wort „Neid" hat auch die Bedeutung von Anstrengung oder Wetteifer. Von Neid im negativen Sinn können wir erst sprechen, wenn diesem Selbstvergleich ein feindseliges, hämisches Gefühl beigemischt ist: weil der andere etwas hat an Besitz, Eigenschaften, Fähigkeiten oder sozialem Status, das uns nicht gegeben ist, darum beneiden wir ihn. Diese Negativität kann so weit gehen, daß wir in Zweifelsfällen lieber wollen, daß der andere das, was er hat, auch verliert, als daß wir es auch gewinnen. Die Aggression gegen den anderen wird dann wichtiger als das Besitzstreben selber. Wenn wir neidisch sind, erfahren wir uns selber als benachteiligt oder ungerecht behandelt; aber statt den Kampf für soziale Gerechtigkeit gemeinsam mit andern zu führen, lassen wir uns vom Ressentiment verschlingen und werden unfähig zur Freude. Die großen sozialistischen Bewegungen und ihre Führer haben Neid nicht als Mittel der Agitation benutzt. In einem Lied aus der amerikanischen Arbeiterbewegung heißt es: „I don't want your millions, mister, I don't want your diamond ring ..." Verachtung gegenüber denen, die Luxus zur Selbstbestätigung brauchen, war weit mehr am Platz. Den Kampf um soziale Gerechtigkeit unter dem Stichwort „Neid" zu deuten, ist unverfrorene Propaganda im Klassenkampf von oben.

In der theologischen Tradition wird Neid seit dem 4. Jahrhundert zu einer der sieben Hauptsünden oder Todsünden gerechnet. Damit wird vorausgesetzt, daß Neid unsere gesamte Lebensbeziehung oder unser Verhältnis zu Gott zerstören kann.

Was ist das überhaupt, eine Todsünde? Nach katholischer Lehre eine gegen das Endziel des Gesetzes, gegen die Liebe Gottes gerichtete Verfehlung, die beabsichtigt und schwerwiegend ist und daher, wenn sie nicht vergeben wird, zur ewigen Verdammnis führt. „Verdammnis" klingt unsern Ohren fremd und unglaubwürdig, ich glaube aber, es läßt sich unmittelbar verstehen, was mit diesem auf die Ewigkeit bezogenen Ausdruck gemeint ist, wenn wir nur an die großen Katastrophenängste unserer Zeit denken; wenn die Luft nicht mehr zu atmen, das Wasser nicht mehr zu trinken, der Hunger nicht mehr zu besiegen, der Krieg um die immer knapper werdenden Ressourcen nicht mehr auszuschließen ist, so sind wir von dem Zustand, den die alte Tradition im Bilde der Hölle faßte, gar nicht weit entfernt.

Die Todsünden wider die Menschlichkeit sind dann heutzutage die Todsünden wider die Menschheit. Die gesamte menschliche Familie ist von den Lastern der Habsucht, des Geizes, der Verschwendungssucht und des Neides bedroht. Der Militarismus, den wir uns leisten, der Hunger, an dem wir profitieren, die Zerstörung der Natur bedrohen heute alles Leben auf dem Planeten. Sind traditionelle Kategorien wie Todsünde, Laster, Abkehr vom Schöpfer und Verehrung des toten Götzen noch geeignet, unsere Situation unter den todbringenden Systemen zu beschreiben? Ich glaube ja, weil ich der jüdisch-christlichen Tradition zutraue, daß sie hilft zu denken, zu verstehen, was vor sich geht, und auf Veränderung zu setzen, uns also zum Glauben, Hoffen und Lieben anzuleiten.

Was hat diese Tradition kritisch anzubieten? Sie spricht über Laster, Todsünden wider die Menschlichkeit nicht als über einmal begangene Akte des Versagens, sondern als über habituelle Gewohnheiten, aus denen immer wieder Akte derselben Qualität entspringen. Habituell bedeutet: eine bestimmte Haltung ist zur Selbstverständlichkeit geworden. Das Laster wird durch beständige Wiederholung erworben, so wie die Tugend, die ebenfalls habituell werden kann. Laster sind also nicht atomare Unfälle oder Einzelkatastrophen wie Harrisburg, sondern das System, in dem wir zu Hause sind, das uns habituell geworden ist und das mehr Harrisburgs hervorbringen wird.

Dieser habituelle oder gewohnheitsmäßige Charakter der Todsünde ist deswegen wichtig, weil er auf den gesellschaftlichen Kontext bezogen werden muß, in dem ein bestimmtes Verhalten erwünscht und gefördert, belobt und belohnt wird, anderes aber diskriminiert, entmutigt und bestraft. Nicht der einzelne Mensch entscheidet, worin er wohnen will, woran er sich ge-„wöhnen" muß, was seine „gewöhnliche" Haltung ist. Damit bin ich von neuem beim Thema des Nachdenkens über den Neid. Das althochdeutsche Wort Neid hat, wie gesagt, die Bedeutung von Anstrengung und Wetteifer. In diesem Sinne können wir den gesellschaftlichen Rahmen herstellen, in dem Neid habituell und zur Todsünde wird: ohne Neid kein ständiges Sichmessen am andern; ohne Neid kein Aufstieg; ohne Neid keine Höchstleistung; ohne Neid keine Konkurrenz. Die Konkurrenzgesellchaft ist die Neidgesellschaft.

Das traditionelle Konzept der Sünde ist nicht zu verstehen, wenn es nur individualistisch gedeutet wird. Neid z. B. erwächst nicht nur aus meiner persönlichen Anlage, meiner psychischen Mitgift, meiner familiären Situation, z. B. aus der Tatsache, daß jemand als mittleres von drei Kindern aufwächst. Neid hat auch mit der Welt, in die man hineinwächst, zu tun, mit den Vorerwartungen, die sich auf jemanden richten. Vielleicht erwartet meine Welt immer schon, daß ich mißgünstig auf den Besitz oder das Können des anderen starre, daß ich „mir auch" schreie, seitdem ich sprechen kann. Vielleicht ist die Produktion all der überflüssigen Güter immer schon mit meinen Neidinstinkten im Bunde und appelliert an sie in der Werbung, fordert sie heraus in der Erziehung und belohnt sie im sozialen Aufstieg.

Sünde jedenfalls ist mehr als individuelles Versagen. Sünde und sozialer Kontext gehören zusammen. Darum spricht die hebräische Bibel immer wieder von der Sünde des Volkes, die sie als Abfall von Gott und Götzendienst beschreibt. Todsünde, nämlich Sünde, die zum Tode führt und auf ihn hin orientiert, ist sozialer Zwang und persönliche Schuld in einem. Wir alle stehen unter Sündezwängen. Konkurrenzdenken wird in jeder Schulklasse eingeübt, das Benotungssystem objektiviert die Ungleichheit und macht sie verfügbar und wichtig, so daß die Ungleichheit schließlich als der natürliche Zustand angesehen wird. Konsumhaltung wird in Radio- und Fernsehprogrammen in die Gehirne gewaschen; die Auffassung, daß man durch mehr *Haben* zu mehr *Sein* gelangt, ist selbstverständlich innerhalb einer Volkswirtschaft, die es auf immer mehr Wachstum abgesehen hat.

Dieses System macht uns sündigen. Es hat Macht über den Einzelnen, der nicht, sozusagen im freien Raum, tun oder lassen kann, was ihm gut dünkt. Ich muß Konsumismus üben und überflüssige Dinge kaufen, damit meine kleine Tochter von neun Jahren nicht neidisch wird; der Neid, der sich in der Schulkinderphrase: „alle haben eine Latzhose" ausdrückt, ist ein Teil des Systems, unter dem ich lebe. Das Neue Testament, vor allem Paulus, benutzt, wenn er über die Sünde spricht, Bilder, die diese systemimmanente überindividuelle Macht der Sünde zeigen: sie ist eine Heerführerin, die sich andere Länder unterwirft, sie ist eine Sklavenhalterin, sie bezwingt die Menschen, legt sie in Fesseln, verkauft sie, kerkert sie ein, betrügt sie, so daß sie keine andere Welt kennen als die der Sünde; sie spreizt sich als Herrscherin auf, diese

Welt aus Geiz und Gier, aus Neid und Habsucht sollen wir für normal halten.

Ich erwähne den biblischen Befund, einmal, um das bürgerlich individualistische Mißverständnis abzuwehren, als sei es die bloße Gesinnung des Einzelnen, die über sein Sündersein entscheidet; zum andern liegt mir auch daran, das nachchristliche populärpsychologische Mißverständnis abzuwehren, als sei alles, was mich betrifft, in der vorgeburtlichen oder frühkindlichen Phase entschieden, so daß von Sünde nicht mehr die Rede sein könne, als sei jede Ichschwäche mit dem Hinweis auf den autoritären Vater oder die protektive Mutter erklärt. Diese Art von Pop-Psychologie verfestigt in bestimmter Weise nur das Gefängnis der Sünde; wenn wir die Zwänge, die uns zum Mißgönnen und Hassen, zur Angst und zum Unglücklichsein über das Glück anderer überreden wollen, im Sinne der biblischen Tradition „Sünde" nennen und nicht einfach psychisches Schicksal des Einzelnen in einer Leistungsgesellschaft, dann sagen wir diesen Zwängen zugleich den Kampf an. Über die Sünde zu sprechen, heißt ihr Reich bereits verlassen zu haben; diese Rede impliziert ein kritisches Bewußtsein. Wir hören dann auf, im Heerzug der Sünde mitzumarschieren, ihr Macht über uns zu geben und die Kraft christlicher Freiheit zu verleugnen. Wir sind nicht zum Neid geboren und verdammt.

Es ist noch sehr die Frage, ob Neid eine anthropologische Grundkategorie menschlichen Verhaltens ist, oder ob er überwindbar ist. In der ersten Sicht, wie sie z. B. von Hans Schoeck (Der Neid, 1968) vertreten wurde, muß die Gesellschaft ein System sozialer Kontrollen entwickeln und institutionalisierte Neidvermeidungen herstellen, wie wir sie etwa im noch nicht kommerzialisierten Sport kennen. In der zweiten Sicht geht es nicht nur darum, Regeln zur Neidverminderung aufzustellen, sondern soziale Bedingungen der Gleichheit zu schaffen, unter denen ein neidfreies Leben möglich wird. Beides kann natürlich ineinander übergehen; wenn z. B. Kinder in einem Land eine Schuluniform tragen, so wird durch diese Regel Neid vermieden, aber auch ein Stück Gleichheit geschaffen. Wenn die schmutzigsten und langweiligsten Arbeiten in einer Gesellschaft nicht geringer, sondern höher entlohnt werden als die angenehmen und intelligenten, so wird ebenfalls Neid abgebaut. Der alte Traum vom besitzfreien, herrschaftslosen und neidfreien Leben, in dem allen alles zum Gebrauch gehört, leuchtet da wieder auf. „Seht die Vögel unter dem Himmel an: sie säen nicht, sie ernten nicht, sie sammeln nicht in die Scheunen", sie besitzen nicht, sie neiden nicht, könnten wir fortfahren ... „und euer himmlischer Vater ernährt sie doch. Seid ihr denn nicht viel mehr denn sie? Wer ist aber unter euch, der seiner Länge eine Elle zusetzen möge, ob er gleich darum sorget?" (Mt 5, 26). Es gibt innerhalb der Evangelien eine Tendenz zu Besitzlosigkeit, Gewaltlosigkeit und Herrschaftsfreiheit, kurz eine anarchische Tendenz, die mehr ist als die Vermeidung von Neid. Als die Jünger einmal, auf die hierarchische Rangordnung ängstlich bedacht und voller Neid, Mütter mit Kindern, die sich Jesus nähern, wegschicken wollen, sagt er: „Laßt die Kinder zu mir kommen und wehret ihnen nicht, denn solcher ist das Reich Gottes. Wahrlich, ich sage euch: wer nicht das Reich Gottes annimmt wie ein Kind, der wird nicht hineinkommen" (Lk 18, 16). Rang, Besitz, Privileg und Prestige sind da aufgehoben, und damit ist zugleich der Neid entmächtigt. Es ist nach christlicher Vorstellung möglich, die Todsünde Neid zu überwinden, es ist möglich, freizukommen aus einer Gesellschaft, die zu sündigen zwingt. Wenn die objektiven Bedingungen, die Neid hervorrufen, nämlich die der Ungleichheit und der Privilegien, verändert werden, so ist auch der Neid nicht mehr zum Lebensprinzip verklärt. Er ist dann wieder, was er zu Anfang war, Sünde, den Tod mehr als das Leben zu lieben, das Tote zu suchen und zu schätzen, statt das Lebendige zu suchen.

Wenn wir uns über die Zwänge der auf Konkurrenz gebauten Gesellschaft klarwerden, so werden wir diese Zwänge bekämpfen. Der Gegensatz zur Sünde als einem Habitus ist der Glaube, daß ein anderes Leben möglich sei, und nicht nur die moralische Tugend. Zum Glauben gehört eine Klarheit und kämpferische Entschlossenheit, eine Art Mut. Im Neid wird dieser Mut verdunkelt und zerstört, weil wir uns im Neid an uns selber zurückbinden und uns selber ans alte Ich fesseln. Luther hat über den Sünder gesagt, er sei der auf sich selber zurückgekrümmte Mensch (homo incurvatus in seipsum). Das wird sehr deutlich am Neid. Der Neider sieht nichts anderes als sich selber. Die Perspektive seines Lebens ist so, daß interesselose Freude gar nicht aufkommen kann. Alles wird betrachtet unter der Perspektive des Sich-Bemächtigens. Wie ein Tourist, der in ein Land einfällt, alles mitzunehmen versucht, was an Schätzen der Natur und der Kunst, der Kultur des anderen Volkes da ist, so ist auch der Neidische zugleich blind für all das, was nicht fotografiert, auf Band genommen, gefilmt oder käuflich erstanden werden kann. „Da war nichts los" heißt in der Sprache des Touristen soviel wie: „da konnte man nichts kaufen". Wegen dieses absolut gesetzten Egoismus ist der Neid auch zerstörerisch für jedes ästhetische Empfinden. Der Neidische kann sich nicht hingeben an etwas anderes, Fremdes, das schön ist und in sich selbst ruht; er kann das Schöne nur so lieben, daß er es besitzt oder sich verschafft.

Vielleicht ist diese Freudlosigkeit, diese Genußunfähigkeit ein anderes Element des Neides in der Tradition. Thomas von Aquin setzte den Neid in Beziehung zur Traurigkeit, zur tristitia. Neid ist bei ihm ein Vergehen gegen die Liebe, nicht gegen die Gerechtigkeit. Er wird definiert als eine Traurigkeit über das Gut des Nächsten, von dem man annimmt, es schlage zu eigenem Übel aus und beziehe sich auf die Schmälerung des eigenen Gutes. Diese Definition ist interessant. Thomas setzt voraus, daß das Gut des Nächsten dem Menschen Freude oder Trauer bringen kann. Ich kann mit Neid oder mit Freude darauf reagieren, daß der andere im Besitz von Gütern oder Fähigkeiten ist, die mir abgehen. Ich kann das Mehr des andern als eine Bedrohung, als eine Schmälerung meines Wesens ansehen, und ich kann im Reichtum des anderen mich freuen, mich stärker fühlen. Das Glück des anderen kann mich glücklich machen oder mich begrenzen, beschämen und in diesem Sinne betrüben. Neid ist daher der Liebe entgegengesetzt. Die Liebe freut sich über das Gut des Nächsten, der Neid aber betrübt sich über dasselbe, wird davon belastet. Insofern der Neid gegen die Liebe gerichtet ist, ist er ein Laster, eine Todsünde.

Was wir von Thomas lernen können, ist, wie traurig

es um einen Menschen bestellt ist, für den das Glück des Nächsten nicht Anlaß zum Glück, zur Mitfreude ist, sondern Anlaß zur Depressivität. Der andere Mensch wird da nicht als der Reichtum des einen erfahren, sondern als seine Bedrohung. Ein interesseloses Wohlgefallen, eine Art unschuldiger Freude am andern, der etwas hat, was ich nicht habe, kann, was ich nicht vermag, wird dann unmöglich. Die Betrübnis isoliert, oder muß man sagen: die Isolation macht traurig –? Wichtig ist auf jeden Fall, das Unfrohe, das Verquälte im Neid festzustellen. Der Neid wurmt, wie die Sprache treffend sagt.

Wenn ich mein eigenes Gewissen erforsche und überlege, wo und an welchen Stellen ich neidisch werde, so fällt mir als erstes das Verhältnis der Älteren, zu denen ich gehöre, zu den Jüngeren ein. Wie viel besser haben sie es doch, als ich es hatte! Die kennen keinen Hunger, sie kennen keine Entbehrung, sie sind nicht denselben Unterdrückungsmaßnahmen unterworfen, mit denen ich noch zu kämpfen hatte. Sexueller Neid auf Menschen, die es so viel einfacher haben, spielt sicher eine zentrale Rolle. Neid auf die Faulenzer, die nicht so hart arbeiten müssen, Neid auf ihre Ferien- und Freizeit-Kultur, die so viel mehr Möglichkeiten hat. In diesem meinem Neid ist Traurigkeit verborgen, Angst davor, zu kurz gekommen zu sein, Mißgunst, und gelegentlich, wenn den Jugendlichen etwas nicht gut gelingt, sogar Schadenfreude. Wie kann ich lernen, diesen für meine Generation typischen Neid fahrenzulassen? Der erste Schritt dazu ist Bewußtmachung. Neid ist etwas so Häßliches, daß wir uns schwer damit tun, ihn in uns selber wahrzunehmen und zuzugeben. Es ist leichter, wenn ich ihn mir selber verhehle. Je bewußter ich mit meinen eigenen Gefühlen umgehe, je mehr ich in Kontakt mit mir selber bin und mir Rechenschaft gebe, desto aufmerksamer werde ich auch den andern gegenüber sein; statt sie blind zu beneiden, lerne ich ihre Probleme und Schwierigkeiten kennen und korrigiere mein dummes Vorurteil, das mir sagt: „die haben's ja so gut".

Es gibt aber noch eine andere Richtung meiner Selbsterziehung gegen den Neid. Das hängt mit dem Versuch zusammen, von der Betrübnis über das Glück eines anderen zur Mitfreude zu kommen. Natürlicherweise neige ich dazu, meine Traurigkeit ernst zu nehmen und hochzuschätzen. Es geht mir heute nicht gut, sage ich, und es bedeutet sehr oft, daß ich mich weigere, meine Traurigkeit zu bearbeiten. Ich erfahre dann nicht, daß mein Schmerz oder meine oft unbestimmte Traurigkeit auf dem häßlichen Unglück am Glück des andern beruht und im Lebensneid wurzelt. Wenn ich bei der Kritik an meiner eigenen Traurigkeit ansetze, so lerne ich zu verstehen, daß Neid ein theologisches Problem ist, eine Sünde, die mich von dem großen Leben, das wir Gott nennen, abtrennt, vereinzelt und zerstört. Dann entdecke ich, daß meine Traurigkeit nichts Tieferes oder ganz Besonderes ist, und wünsche mich heraus aus dem Gefängnis. Diesen Vorgang, den ich soeben mit den Wörtern „entdecken" und „wünschen" beschrieben habe, kann man auch einfach „beten" nennen. Ich versuche dann wieder einmal das Gespräch, den Großen Dialog. Etwa so:

Mach mich frei von der Traurigkeit, die mich gefangen hält.

Gib mir die Freude am andern Leben zurück.

Laß mich das loben, was jünger und schöner, reicher und stärker ist.

Feuer der Liebe, du kannst den Neid in mir wegschmelzen.

Wind des Geistes, du kannst mich hören machen.

Sonne der Gerechtigkeit, leuchte über uns.

Walter Dirks

TRAURIGKEIT UND TRÄGHEIT

Nr. 7 und Nr. 8 im Acht-Laster-Katalog des heiligen Cassian sind die Traurigkeit und die Trägheit. Das war im 4. Jahrhundert. Die beiden Eigenschaften nehmen sich im 20. in der Reihe der „Laster" sonderbar farblos aus. Was soll an der Traurigkeit überhaupt sündig sein? Und wenn Trägheit eine Schwäche ist oder gar eine Sünde sein sollte, muß sie dann gleich zum Laster befördert werden? Zudem sind die Laster ja sonst kräftig ausgeprägte und eindrucksvolle Mächte, in ihrer Weise und heutzutage, da man das Böse für reizvoller hält als das Gute, geradezu attraktiv: der flammende oder glühende Zorn, die kalte oder aber sehr heiße Wollust, die üppige Völlerei, der giftige gelbe Neid, der prunkende Stolz; sogar der strenge Geiz hat seinen finsteren Glanz. Man kann das ihren Bildern absehen: aus der römischen Antike, der romanischen Kunst, der Gotik, dem Barock. Freilich sollte man auf solche Melodramatik des Bösen und Häßlichen nicht hereinfallen.

Wenn man mit der bösen und häßlichen Wirklichkeit der Laster tatsächlich zusammenstößt, gar zusammenlebt oder ihnen noch schwerer entrinnen kann, wenn man sie nämlich in sich selber vorfindet, dann vergißt man rasch antike Allegorien und barocken Spektakel. Böse ist böse, schlecht ist schlecht, häßlich ist häßlich, und vor allem, wir wissen es heutzutage ziemlich genau: Sucht ist Sucht.

Die beiden Eigenschaften sind übrigens später, als aus dem Achtlaster-Katalog eine Siebener-Liste wurde, nicht mehr getrennt aufgeführt worden, sondern zur „acedia“ verschmolzen. Ich führe das lateinische Wort ein, weil es dafür kein eindeutiges deutsches gibt. Man muß weiterhin einiges zusammengefaßt sehen, was wir eher getrennt benennen: zur Traurigkeit und Trägheit etwa Verdrossenheit, Langeweile, Antriebslosigkeit, seelischgeistige Lähmung. Aber halten wir uns zunächst an den alten Cassian und seine Trennung zweier unterscheidbarer Laster.

Sie sind nicht wie die anderen malerisch, obwohl sich die Traurigkeit durchaus malen ließe. (Dürer hat sie wenn auch nicht gemalt, so doch in Kupfer gestochen, in seiner „Melancolia I“.) Schon die Grundbestimmung des Lasters als der zähesten Ausprägung des Bösen schlechthin scheint auf die beiden Haltungen nicht zuzutreffen; auch können die beiden auf den ersten Blick kaum eine Sucht werden, eine mächtige, herrschende, zwanghaft wirkende Gewohnheit. Das Zerstörerische im Laster allerdings, seine Erosionswirkung läßt sich sowohl mit der Traurigkeit als auch mit der Trägheit zusammendenken.

Wir nachmittelalterlichen Menschen kennen das Ärgernis der Langeweile im Kloster nicht mehr. Aber das 19. Jahrhundert hat uns immerhin eine große literarische Figur geboten, die uns plausibel macht, wie das Nichtstun eine Seele und ihre Welt bestimmen kann: der russische Romancier Gonscharow veröffentlichte 1859 einen nach seinem Titelhelden oder Antihelden benannten Roman: „Oblomow“. Da haben wir nun einen Menschen, der sich in der Trägheit so still auslebt wie ein Trinker laut im Alkohol oder der

Geizige verborgen im Geld, der Unzüchtige in der Wollust.

Dasselbe beobachten wir wahrscheinlich schärfer als die Alten an der Traurigkeit. Depressionen, offene und verlarvte, angeborene und erworbene, Schizothymien, Verfinsterungen bis zum Selbstmord sind uns wahrhaftig vertraut. Von ihnen ist täglich in den Zeitungen und Illustrierten die Rede, nicht selten auch auf den Kanzeln.

Aber zunächst müssen wir doch mancherlei Unterscheidungen vornehmen.

In Sachen Traurigkeit stoßen wir sofort auf einen bezeichnenden sprachlichen Sachverhalt. Wie problematisch oder gar böse auch immer „Traurigkeit" sein mag: die Trauer selbst, von der sie sich doch ableitet, ist über jeden Tadel erhaben. Wo wir ihr begegnen, wo vor unseren Augen ein Mensch trauert, von Trauer bewegt ist, bezeugen wir ihm mindestens Respekt. Jede Trauer hat ja ihren konkreten Grund, der sie verständlich und – wie man heute sagt – „einfühlsam" macht, während die Traurigkeit auch ohne Grund den Menschen überfluten kann. Aber es spielt doch auch wohl noch etwas anderes dabei mit; die Trauer hat ihre eigene Würde; sie scheint den Menschen, was er auch sonst sei, zu adeln. Jedenfalls schafft sie Distanz, auch wenn wir ihren Grund nicht kennen. Von der Traurigkeit dagegen haben viele Psychologen und vor allem Menschenführer nicht viel gehalten, soweit sie darunter eine grundlose Stimmung verstanden. Aber muß man das überhaupt? Unser deutsches Sprachgefühl zieht die Grenze zwischen einer Traurigkeit, die in Trauer-Anlässen ihren guten Grund hat, und grundloser Traurigkeit nicht so scharf; vielleicht klangen die antiken, also griechischen und römischen Wörter da eindeutiger.

Wir werden also in das Wort Traurigkeit die Grundlosigkeit dieser Stimmung hineindenken müssen. Alexander Mitscherlich hat uns einen Begriff Freuds nahegebracht, von dem wir sie nicht scharf genug unterscheiden können: den der Trauerarbeit. Die Beichtmoral und die Strafjustiz haben in einem allgemeinen Sinn Ähnliches im Blick, wenn sie von „tätiger Reue“ sprechen. Mitscherlich, der das Wort oder vielmehr die mit ihm gemeinte Sache den Deutschen der Nach-Nazi-Ära ans Herz legte, mutete ihnen damit zweierlei zu: erstens Trauer, wahre und reale wohlbegründete Trauer über das, was geschehen ist, und über je jedes Einzelnen Anteil daran, nach Kräften auch über jedes Opfer, das einem in den Blick kommt, und zweitens Arbeit: eine gründliche und dauernde Anstrengung, in der diese Trauer in Erkenntnisse, Einsichten, Entschlüsse, Taten umgewandelt werden sollte. Die von Theodor Heuss vorgeschlagene Kollektiv-Scham kann konsequenzenlos bleiben; Trauerarbeit dagegen, die mehr als Scham Schuld und Schuldbewußtsein voraussetzt, mobilisiert die böse Vergangenheit auf eine bessere Zukunft hin, ist Arbeit an einer Befreiung. Das ist das genaue Gegenteil von lähmender Traurigkeit. Trauerarbeit ist das produktive Aus- und Durchleben gerade dessen, was unverarbeitet zum Laster der Traurigkeit führen kann.

Dann wäre da noch die Schwermut. Die Sprache geht sonderbare Wege. An sich sollte ein Wort, das ein schweres Gemüt bezeugt, durchaus geeignet sein, die objektlos flutende Trauer zu bezeichnen.

Aber unser Empfinden hält nun einmal daran fest,

daß Schwermut eine noble Sache ist. Das Monopol auf Depressionen dagegen haben die Krankenkassen-Patienten den vornehmen Leuten entrissen: diese Zustände sind zu Wald- und Wiesenstörungen geworden. So fließend die Übergänge sind, wenn wir von endogenen oder reaktiven Depressionen, von Melancholikern und von Schwermütigen sprechen, so verstehen wir unter der Schwermut doch einigermaßen präzis die erlittene und durchfühlte Antwort auf eine tatsächliche tragische Konstellation, auf ein schweres Schicksal; dieses kann persönlich sein, äußerlich oder innerlich, oder aber der negativ gedeutete Weltverlauf, der Zustand der Menschen oder die Menschheit schlechthin: das tiefe Ungenügen an allen Formen des Optimismus, auch den religiösen. (Ihn, und nicht die Traurigkeit, hat Schopenhauer übrigens als „ruchlos" gekennzeichnet, – ihn hat die grundlose Vergnügtheit tiefer irritiert als die grundlose Trauer.)

Ich weiß nicht, wie weit meine Vorstellung der Schwermut durch Gespräche mit Romano Guardini bestimmt ist, der sich selbst als schwermütig verstanden hat. Von schärferen Äußerungen eines Pessimismus, von der Verzweiflung, vom Protest, von revolutionärer Attitüde unterscheidet sich die Schwermut unter anderem durch ihren positiven Grund. Das Ur-Vertrauen ist nicht gebrochen, und das destruktive Element Resignation tritt zurück hinter seiner Schwester, der Geduld. Die Schwermut öffnet sich denn auch, das war Guardinis tröstliche Erfahrung, auf eine andere hellere Schwester hin, den Humor, – wenn man in ihm den dunklen Bodensatz nicht unterschlägt.

Schon Guardinis Zeugnis mag erweisen, daß die Schwermut nicht gemeint sein kann, wenn die Alten

Traurigkeit als Laster führten. Das schließt nicht aus, daß man seit Cassians Zeiten in den orientalischen Klöstern Ägyptens und den späteren römischen und mittelalterlichen manchen armen Mönch des Lasters der Traurigkeit beschuldigt hat, dem wir heute anteilnehmend zubilligen würden, daß er seine Schwermut zu tragen hatte. Wenn man Traurigkeit als Laster verstehen will, muß man ebenso Tragik als Grund wie Humor als Lösung ausschließen. Daß solche sozusagen „gemeine Traurigkeit" zuweilen geradezu als die Hauptsünde im Klosterleben empfunden worden ist, bezeugt noch Teresa von Avila wie früher schon Thomas von Aquin. Worüber versanken die Mönche und die Nonnen in lähmende Traurigkeit? Wir können daran denken, daß es sich um ein Gefühl des Versagens vor dem absoluten Anspruch des Evangeliums gehandelt hat, einen Anspruch, den man durch ein Leben gemäß den evangelischen Räten glaubte erfüllt zu haben und doch nicht erfüllen konnte. Wir wissen heute, daß der Verkünder des anbrechenden Reiches Gottes nicht einen besonderen Stand gemeint hat, sondern jeden von uns, und wir wissen auch, daß es in den Klöstern nicht leichter ist, nach dem Evangelium zu leben, als in anderen Lebensformen. Doch hatten die Weltleute es insofern leichter, als sie das Ungenügen an sich selbst, wenn sie es überhaupt spürten, in tausend Wegen und Auswegen ausleben konnten und können: der Mönch saß mit seinem offensichtlichen Versagen in seiner Zelle und versank in Traurigkeit. Eine andere Motivation lieferte ihm wohl das Regelwerk, zumal in der engen allzu hautnahen Bindung an die Kommunität. Es war gewiß eine schreckliche Alternative, ob man sich in den Fesseln des täglichen

Klosterlebens als frustiert empfinden mußte oder aber, wenn man fromm genug war, damit fertig zu werden, in eben dieser Frömmigkeit vor dem absoluten Anspruch Gottes dennoch zu versagen schien. Wir verstehen die Verfemung der Traurigkeit in den Klöstern am besten, wenn wir uns die Bedeutung ihres Gegenteils klar machen. Mindestens seit der benediktinischen Pax, aber im Grunde schon seit den Verfassern der Apostelbriefe, ist immer wieder der gelassene und gar heitere Friede, manchmal sogar die Heiterkeit selbst als Ergebnis sowohl des evangelischen Vertrauens als auch des brüderlichen, später des klösterlichen Lebens gepriesen worden. Da sah man in der Lebensform der drei Gelübde einen Abglanz des Paradieses selbst, geheilte Existenz. Man erinnerte sich des Rates Jesu, man solle beim Fasten kein härenes Gewand anziehen, sondern sich fröhlich schminken. Wie schlimm mußte es, so überlegten die Theoretiker des christlichen Lebens, in einem Menschen aussehen, der begnadet war, in einem Kloster zu leben, dessen Antlitz aber ständig verfinstert war! War seine Traurigkeit nicht ein Verrat am schönsten Geschenk, das nicht nur Gott, sondern auch die Brüder ihm täglich darboten: den Frieden des Herzens?

Wir wittern hier auch den engen Zusammenhang jener Traurigkeit mit der Trägheit. Man kann ihn als Beziehung von Ursache und Wirkung in beiden Richtungen beschreiben. In dem einen Fall wurde aus der tiefen Frustrierung durch Mangel an kräftigem geistlichem Trost und Vertrauen das Tagewerk zur Last, das man dann, antriebslos geworden, durch Lässigkeit auf ein Mindestmaß reduzierte; im anderen Fall fraß sich aus dem Versagen im langweilig gewordenen klösterlichen Tag Traurigkeit allmählich tief in die Seele ein. Als eine Stimmung oder gar eine Verfassung, die Traurigkeit und Trägheit verbindet, kann man die Verdrossenheit erkennen. Vielleicht verdeutscht man die acedia am besten durch dieses Wort; dabei ist allerdings nicht an ihre aktive Seite zu denken, an aggressive Äußerungen oder gar Handlungen, sondern an die oft im Verborgenen wirksame oder gar verdrängte passive Stimmung, welche der Langeweile verwandt ist. Die Kloster-Vorstände erkannten: Verdrossenheit ist unproduktiv; weder bringt sie große Empfindungen und Entschlüsse hervor, noch fördert sie die kleinen Notwendigkeiten des Alltags. Sie lähmt das, was wir heute so sehr zu schätzen gelernt haben: Kreativität und Spontaneität. Sie lähmt auch das, was als kostbares Eigengut des Ordens und des Klosters angesehen wurde: die sogenannte Spiritualität, die eigene Prägung, den Stil des geistlichen Lebens.

Traurigkeit als unbewältigte Reaktion auf das eigene Versagen vor dem absoluten Anspruch konnte übrigens auch außerhalb der Klöster stehen und zum Laster werden. Es war für eine Minderheit in der christlichen Gesellschaft insgesamt eine Versuchung, soweit man sich überhaupt dem absoluten Anspruch stellte: Weltverfallene, weltvergnügte Christen sind freilich gegen die religionsbedingte Traurigkeit gefeit. Beides gilt auch heute noch.

Mag das Versagen im einzelnen Fall seine Ursache etwa auch in anderen greifbareren Lastern haben, in verborgener Fleischeslust, im heimlichen Stolz, im niedergehaltenen Zorn, im geistlichen oder weltlichen Neid, im kleinlichen Geiz: Verdrossenheit ist dann so etwas wie die Kapitulation, die schlechtere Art, sich mit der heimlichen Niederlage abzufinden. Galt der Stolz als der Anfang aller Laster, so kann die acedia als ihre und aller anderen Fehlhaltungen Besiegelung gelten. Sie steht am Ende der Liste, da sie auch das Ende alles guten Kloster- und Christenlebens sein kann.

In den Jahrhunderten, in denen die Klöster aus dem Mittelpunkt der christlichen Kultur an ihren Rand und erst recht an den Rand der dann sich säkularisierenden Gesellschaft gedrängt wurden, blühten zwar neben den vier Kardinal- und manchen Nebentugenden auch alle Laster, und die moralische bürgerliche Gesellschaft, die sie eifernd zu bekämpfen schien, lebte in vielfältiger Symbiose mit ihnen zusammen, aber Nr. 7 und 8 im Katalog Cassians, die acedia im Lasterkatalog Gregors des Großen gerieten aus dem Bewußtsein der Zeiten. Natürlich kannte und beklagte man weiterhin die Trägheit, und man spekulierte psychologisch mit Traurigkeiten und Depressionen, aber man führte sie nicht mehr als Laster, ja nicht einmal, wenn man an christlicher Moral festhielt, als Sünden. Die Grundstimmung war Optimismus. Traurigkeit wurde privat akzeptiert und später eine Weile sogar romantisch zum Weltschmerz verklärt, aber sie schien die Welt nicht mehr zu bedrohen. Noch systemfremder war die Trägheit, Oblomow konnte gerade als Ausnahme Romanheld werden. Soweit der Zeitgenosse nicht ohnehin vom Arbeits- und Leistungswillen oder schon von der Dynamik des Zivilisationsprozesses erfaßt war, prügelte man seine Anwandlungen zur Trägheit aus ihm heraus, im wörtlichen Sinn in der Schule und in der Ausbildung, auf indirekte Weise durch Lohnentzug und andere Repressionen in der Berufswelt.

Trägheit gehörte nicht in die Welt der Tüchtigen, aber sie galt nur als Defizit, nicht als Seelenmacht, nicht als ernstliche Gefahr.

Heute aber finden wir uns in einer transbürgerlichen Situation, und das macht nun doch mit einem Mal Überlegungen über die Laster und auch diese über die Traurigkeit und die Trägheit aktuell, ja brennend aktuell. Wir können wieder wissen, daß Fehlhaltungen, Fehlhandlungen, „Sünden" zerstören können, ja, geradezu alles zerstören können: nicht nur das Glück und die Fruchtbarkeit des Einzelnen, sondern unsere Zivilisation, die Menschheit, die Erde, die Natur. Das ist nicht eine melodramatische Entdeckung, wohl aber eine dramatische. Die Rettung der Welt hängt, wenn wir Moral als Verbindung von Zuwendung und Anstrengung verstehen, von eben dieser Moral ab, nicht allein, aber wesentlich. Die „Laster" hindern uns beim Versuch, unser Überleben zu sichern. Wir empfinden uns im Ernst durch jene Situation ebenso absolut herausgefordert, wie sich die ersten christlichen Jahrhunderte durch den unerhörten Anspruch Gottes und der Reich-Gottes-Botschaft Jesu herausgefordert fühlen mußten. Schon gehen manche von uns in ganz ähnlicher Verfassung in irgend eine Art von Wüste wie seinerzeit die Mönche aus der christlichen Lasterstadt Alexandrien nach Oberägypten. Und andere suchen es Benedikt oder auch Franziskus nachzutun, indem sie in Gruppen entweder wie jener ortsgebunden und gruppengebunden oder schweifend wie dieser alternativ zu leben versuchen: sie probieren rettende Alternativen aus. Aber auch viele andere, die sich nicht auf neue Lebensformen festlegen wollen oder können, spüren wie schon lange Zeiten nicht mehr die Herausforderung auf Tod und Leben, den Anspruch des Absoluten, ob sie es anderswo suchen oder in Gott. Die Zeit der Kultur-Sackgassen ist zu Ende, in denen wir provinzgebunden und oft als Provinzler im Relativen lebten, arbeiteten, fühlten, dachten, feierten, so wie es uns Sitte und Brauch nahelegten, – in denen wir uns vielleicht sogar durchs Leben arrangierten. In solcher neuer weltgeschichtlichen (und heilsgeschichtlichen) Lage gewinnt das Laster als suchtförmiges Fehlverhalten einen neuen negativen Rang: es verhindert den Beitrag, den wir alle solidarisch einander und der Menschheit zu ihrer Rettung schulden, in genauer Parallele zu den ersten christlichen Jahrhunderten. In ihnen wurden die Laster gleichfalls deshalb so pathetisch verneint und verworfen, weil sie dem Reich Gottes im Wege standen. Ist es so, dann stellt sich aber zu unserer Verwunderung heraus, daß gerade die beiden kaum noch als Verfehlungen geführten Laster der Traurigkeit und der Trägheit einen großen neuen negativen Stellenwert erhalten: noch unmittelbarer als andere Laster steht Verdrossenheit dem Liebeswerk im Wege, zu dem wir aufgerufen sind, nicht zuletzt dem Liebeswerk der helfenden Politik.

Ein Detail aus dem Bestand unserer Moral gewinnt eine neue geradezu geschichtliche Dimension: das, was im Katechismus so harmlos als „Unterlassung" aufgeführt wird. Es ist kein Zufall, daß dieses Wort in dem Sündenbekenntnis fehlte, das die Kirche seit dem Konzil von Trient am Anfang jeder Messe gebetet hat. „Ich bekenne Gott den Allmächtigen", so hieß es da, und als weitere Adressaten dieses Bekenntnisses sind Maria, ein Engel, Heilige und als letzter der Meßpriester genannt. Dann geht es weiter: „daß ich viel gesündigt habe in Gedanken, Worten und Werken." In der Fassung, die das Zweite Vatikanische Konzil angeregt hat, sind die genannten Zweit-Adressaten gestrichen und sehr sinnvoll durch „alle Brüder und Schwestern" ersetzt, die früher ganz einfach vergessen worden waren. Der entscheidende Bekenntnissatz selber aber lautet nun: „daß ich Gutes unterlassen und Böses getan habe." Die Unterlassung steht sogar an erster Stelle. In der alten Fassung herrschte offenbar die Vorstellung eines Gefüges von Geboten und vor allem von Verboten vor, gegen die man sich in Gedanken, Worten und Werken verfehlt haben kann. In der neuen dominiert die Vorstellung einer, unserer Biographie, eines nach dem Heil, nach der Liebe offenen Biographie-Entwurfs, hinter dem der Christ zurückgeblieben ist. „Das aber habe ich gegen Dich", läßt der Verfasser der Apokalypse den Engel zur Gemeinde von Korinth sagen: „Das aber habe ich gegen Dich, daß Du die erste Liebe nicht mehr hast." Wer die erste Liebe nicht hat, beginnt zu unterlassen, bleibt hinter dem zurück, zu dem er gerufen ist: seiner Heils-Biographie. Für unsere knallroten Sünden gibt es Motivationen, die sie verständlich machen, – unsere Unterlassung dessen, was wir eigentlich sein sollen und sein wollen, ist schlimmer.

Wenn die Kirche nun die Unterlassung nicht mehr vergißt, so steckt darin zunächst eine vertiefte Anthropologie, eine ebenso vertiefte Theologie, vor allem aber die Einsicht von der Relevanz des gelebten Lebens, seiner Geschichte; man erkennt die Chancen der Phantasie in den konkreten Konstellationen des Lebens und des gemeinsamen Lebens. Vom ganzen

Leben eines ganzen Menschen erwartet Gott mehr und anderes als die Respektierung der Einzel-Verbote und Einzelgebote. Wir schulden ihm uns selbst, unser ganzes buntes reiches oder armes Leben.

Aber es könnte und sollte in solcher neuen Platzanweisung der Unterlassung auch die Einsicht stecken, daß vom Inhalt unserer Biographien das Schicksal der Menschheit abhängt. Wir alle, in dieser Hinsicht möglicherweise solidarisch auch moralisch, im Bewußtsein, wie wir objektiv in der Situation selbst solidarisch sind, „in einem Boot", – wir alle sind also in der Rolle des Abtes von damals, der sich nicht nur um die anderen Fehlhaltungsarten seiner Mönche sorgt, sondern gerade um ihre Verdrossenheit, nämlich ihre Unfähigkeit, sich dem Anspruch des heiligen Gottes und der friedenbringenden Ordnung der Regel zu stellen. Wie er in der Verdrossenheit das Versagen vor der Freudenbotschaft des Evangeliums und der Weisheit der klösterlichen Ordnung erkannte, können auch wir in unseren Depressionen und in unserer Gleichgültigkeit das große Hindernis erkennen.

Ich weiß, wovon ich rede. Das Dutzend verschiedener Sorten depressiver Verstimmung ist mir wohl vertraut, und ich kenne auch die Deutungen. Fast alle, so sehr sie sich voneinander unterscheiden, stellen entweder die Schuldfrage nicht oder beantworten sie jedenfalls nicht eindeutig.

Die Wissenschaft denkt in den Begriffen von Ursache und Wirkung, auch wenn sie, die Tiefenpsychologie, dem Phänomen „Schuld" auf ihre Weise durchaus auf der Spur ist. Die Medizin, ebenso die Psychologie, erst recht gerade jene Tiefenpsychologie klagen jedenfalls nicht an. Man muß sich von der

Wissenschaft sagen lassen, was sie zu sagen hat. Sie hat in vielem, sie hat weithin recht. Aber ob ein Anteil eigenster Schuld dabei ist, wenn ich depressiv gestimmt bin, wenn ich ohne Antrieb, ohne Schwung bin, wenn ich von lähmender Traurigkeit oder schlimmer Trägheit befallen bin, – für diese Frage ist sie nicht zuständig. Da ist jeder für sich zuständig. Sein Herz klagt ihn an, sein „Gewissen" ist zuständig. Die sogenannten Deterministen behaupten, alles sei so gekommen, wie es habe kommen müssen, die Schuld eingeschlossen. Das ist bequem, aber es ist mir nicht gelungen, das plausibel zu finden. Ich kann nicht wissen, sondern nur vermuten, wo in mir und meinem Leben Schuld sitzt. Jedenfalls ließ und läßt sie mich zurückbleiben und hinter Gottes Vorstellung von mir und hinter dem Anspruch, welche die Gesellschaft und die Geschichte an mich haben: hinter mir selbst. Nicht so sehr meine Taten, sondern meine Unterlassungen klagen mich an. Nun bin ich zum Glück der Traurigkeit und Trägheit nicht so sehr verfallen, daß sie in mir zu „Lastern" geworden wären; ich lebe noch, ich vertraue noch, ich kann noch lächeln und manchmal auch lachen. Vor allem weiß ich, oder besser: glaube und hoffe ich, daß Gott uns für den Frieden und die Freude bestimmt hat und nicht fürs düstere Verstummen. Ich bin also in diesem Punkt nicht „lasterhaft", aber ich habe eingesehen und auch am eigenen Leben gelernt, das Cassian recht gehabt hat: die Traurigkeit und die Trägheit können gefährliche Laster sein. Der Mensch kann in ihren Sog geraten, er kann traurigkeitssüchtig und trägheitssüchtig werden.

Sich da dem Zwang hinzugeben, ist gewiß nicht die

einzige Art, aus der Brüderschaft der Menschen und aus der Geschichte auszusteigen. Aber es ist eine sehr aktuelle Methode. Allerdings: wenn ich unter Moral eine gewisse Kombination von Zuwendung und Anstrengung verstand, so kann ich erkennen, daß wir in einem sehr moralischen Zeitalter leben: Mehr Zeitgenossen als in anderen Zeiten wenden sich einander anteilnehmend zu und strengen sich dabei an, es richtig zu machen, ja: viele zappeln sich geradezu ab – Eltern, junge Menschen, Lehrer, Priester, Nachbarn, Beamte, Denker und Forscher, sogar Politiker. Vorläufig scheint es aber leider so zu sein, daß die Aufgaben, Schwierigkeiten und Probleme viel rascher wachsen, als solche Moral Boden gewinnt. Sie drohen uns also über den Kopf zu wachsen. So sind die Prognosen, die wir uns stellen müssen, düster. Nichts kann mehr dazu beitragen, daß sie sich erfüllen, als die lasterhafte Kombination der gemeinen Trägheit mit der scheinbar so noblen Traurigkeit. Man muß dagegen andenken und anfühlen. Man muß dagegen anbeten. Um in solcher Lage bei der Weisheit der Väter zu bleiben: Von den Kardinaltugenden ist neben der immer ratsamen Klugheit vor allem heute die Tapferkeit gefordert, von den drei geistlichen Kräften und Aufschwüngen der Christen die Hoffnung.

Rudolf Walter

„LÄSTERN, WAS ZU LÄSTERN IST“

Wer früher „Laster“ oder „lästern“ sagte, der meinte Verruchtes, der witterte bedenklichen Unrat. Der meinte vielleicht sogar eine Sache auf Leben und Tod: „Er hat Gott gelästert, kreuziget ihn!“ – das klingt dumpf in uns allen nach. Heute ist es zum Wortnippes („jeder hat so seine kleinen Laster“) verharmlost. Spinnweben hängen über diesem Kraftwort auf dem Abfallhaufen der großen Begriffe. Ist das bloß Ausdruck von Sprachverblassung? Ausdruck unserer Abneigung gegenüber jeglichem Rigorismus? Oder ist einfach unsere Wahrnehmungsschwelle gesunken? Wäre es gar möglich, daß Begriffe wie Sündenböcke in die Wüste des Vergessens gedrängt werden, derweil auf leisen Pfoten die verscheuchten Dämonen anonym wieder unter uns geistern und Bürgerrecht genießen unter anderem Namen? Dann wäre es mehr als bloße Spracharchäologie, wenn man zu entziffern oder neu zu buchstabieren versuchte, was dieser Begriff meinen könnte.

„Laster“ kommt vom althochdeutschen „lahan“: schmähen, tadeln, verbieten. Das meint ein Urteil über einen sittlichen Zustand. Eine Verurteilung genauer, die einmal die Bereiche des zivilen und religiösen, des zeitlichen und des ewigen Lebens umfaßte und massive Folgen hatte: soziologische, juristische und bewußtseinsmäßige. Wenn Opitz etwa schrieb, daß die Juden „den Haß und Laster tragen, durch aller Christen

Reich", dann stigmatisiert dies eine Randgruppe, der mit, wie die Zukunft zeigte: tödlichem Pathos die menschliche Gemeinschaft verweigert wird.

Oder denken wir an einen vor allem als kirchliche Strafe bezeugten mittelalterlichen Rechtsbrauch, den „Lasterstein" (lapis scandali): zwei meist durch Ketten verbundene Steine mußten vom Verurteilten über eine bestimmte Strecke hinweg getragen werden, eine Ehrenstrafe, die u. a. bei Gezänk, bei Verdacht auf Hexerei, Ehebruch, Kuppelei, Fundverheimlichung und Betrug (meist über Frauen übrigens, seltener über Männer!) verhängt wurde: weniger Ausdruck einer moralischen Ordnung, sondern, so scheint uns, als archaisches Zwangsmittel zur Stabilisierung starrer Sozialverhältnisse.

Auch auf dem Seelenheil jedes Einzelnen lastete der Begriff mit unheilvoll düsterem Schatten. Luther hält auch die Worte der göttlichen Offenbarung, die Heilige Schrift, für ein Urteil über den Menschen: „also ist dis gebot auch ein lasterbüchlin und ein schandtitel, schilt uns alle, niemands ausgenommen, das wir hurentreiber sind." Maßlos wuchernde Sündenpredigt, übrigens breit ins allgemeinchristliche Bewußtsein eingedrungen (man denke nur an die für die Volksreligiosität so prägenden Fastenpredigten, die zum Teil bis zu 8 Stunden dauern konnten, wird berichtet), auch hier?

Versucht man den Kern des Gemeinten freizulegen, so kann man dennoch sagen, daß die sieben oder acht Laster zu einem wesentlichen Grundbestand dessen gehören, was die Tradition über den Menschen weiß. Wenn man den Tugendspiegel als idealistisches Wissen davon versteht, was der Mensch sein soll und sein könnte, so entfaltet die Lasterlehre komplementär dazu ein realistisches Erfahrungswissen. Sie zeigt auf, daß der Mensch nicht nur zum Guten neigt und angelegt ist. Hugo Ball hat die Laster die „wahrhaft entstellenden, widernatürlichen Fähigkeiten" genannt (ikonographisch entspricht dem, daß sie oft als Tiere dargestellt wurden). Man kann sich also aus freien Stücken ein „Gehabe" angewöhnen, „eingeschliffene", „eingefleischte" Haltungen haben, die nicht bloß Ausdruck der Erbsünde sind oder unverschuldete Mitgift unserer menschlichen Natur. Dazu bedarf es keiner dramatischen Lebenswende und keiner monströsen Untaten. Laster sind Haltungen, die das Leben als Ganzes sozusagen schleichend imprägnieren und stilisieren: das Vorzeichen vor den alltäglichen Einzelhandlungen und deren zähe Verklammerung, die Vektoren einer, wie die Tradition voraussetzt: „falschen" Lebensrichtung. Die Gnosis glaubte, sieben Dämonen hätten der Seele ihre schlechten Eigenschaften eingeflößt, als sie vom Himmel auf die Erde herabstieg. In den christlichen Mönchsregeln, in denen die Lasterkataloge seit dem 4. Jahrhundert bezeugt sind, wird das anders gesehen. Völlerei, Unzucht, Geiz und Habsucht, Zorn, Traurigkeit und Trägheit, Neid, Hoffart und Stolz sind verantwortete Haltungen. Und sie sind erkennbar durch ihre destruktiven Folgen. Sie verhindern ein Leben, das hier so geregelt ist, daß es sich auf die Herausforderung der großen Freiheit, auf Gott ausrichten könnte. Sie schaden also dem Sinn dieser Gemeinschaft. Wenn Gregor der Große die egozentrische Selbstsucht, den Stolz, als die „giftige Wurzel" aller anderen Sünden an die Spitze seines Lasterkatalogs stellt, dann ist dies die gleiche Einsicht:

Laster zerstören die rechte menschliche Gemeinschaft. Bezeichnenderweise ergibt sich dieses Verständnis auch aus der traditionellen Sicht der Haupttugenden: Gerechtigkeit verwirklicht sich am *anderen,* Tapferkeit bewährt sich im Einsatz *für* einen bedrohten Wert, Maß ist Rücksicht auf das *Ganze,* Klugheit bezieht sich auf die *Vieldimensionalität* der Wirklichkeit. Freilich weisen sich die Laster nicht durch bloße „Sozialschädlichkeit" aus. Sie zerstören das rechte und sinnvolle Leben. Das ist der Kern der traditionellen Lasterlehre.

Wenn Tugenden „Forderungen, die einem das eigene Wesen und das eigene Leben stellen" (Rahner/Welte, Mut zur Tugend, Freiburg 1979, 11) meinen, so setzt *das* Wissen um die Spannung zwischen Idee und Wirklichkeit voraus. Das ist aber realistischer als jene schön lackierte Modemoral eines „Ich bin okay! Du bist okay!" aus dem Wortschwatz derer, die einreden wollen, unsere Welt sei bereits ideal und heil. Diese Zauberformel „Ich bin okay! Du bist okay!" ist gefährlich, wenn sie mit dem süßen Gift des Positiven ein Lob der schön säuberlich getrennten Beziehungen, eine Welt also suggerieren will, in der der einzelne sein behaglich-monadisches Eigenheim als Burg des Egoismus bewohnen darf. Und doch klingt in dieser magisch beschwichtigenden Formel noch die Ambivalenz durch: die Angst vor dem anderen, die Gewissenslast, daß wir selber gar nicht *so* „okay" sind, die Ahnung, daß da auch Negatives wuchert, aus uns heraus und um uns herum.

Könnte da vielleicht das alte Wort neu greifen? Bert Brecht hat ein Lehrstück geschrieben über die Zweideutigkeit der moralischen Begriffe und darüber, wie sich die Inhalte dessen, was man früher „Laster" oder

„Sünde“ nannte, unter der Hand geändert haben. In den „Sieben Todsünden der Kleinbürger“ (aus den Gedichten der Jahre 1930–1933) bedient er sich listig dieses religiösen Begriffs, um die Perversion der Moral unter dem Gesetz einer säkularen Religion des Habenwollens, die den Lebenslauf zum Marathon des Erwerbszwangs „verkommen“ läßt, zu denunzieren. Der Mythos des großen Lasters (wie er sich in der Popular-Phantasie etwa mit den Renaissance-Idolen verband) war schon bei Nietzsche entzaubert. Brechts parodistische Moritat spielt nun im Glamour-Zauber des Show-Geschäftes: in einer Art Ballett wird das Leben zweier Schwestern aus den amerikanischen Südstaaten dargestellt, die für sich und ihre Familie das Geld zu einem kleinen Haus erwerben wollen. Sie heißen beide Anna: „Die eine der beiden Annas ist Managerin, die andere ist die Künstlerin – die eine (Anna I) ist die Verkäuferin, die andere (Anna II), die Ware. Die Bühne ist der Markt, auf den Anna II von ihrer Schwester geschickt wird. Die verschiedenen Bilder zeigen, wie die sieben Todsünden vermieden werden können.“ Die beiden Schwestern, „ein Herz und ein Sparkassenbuch“, ziehen aus, um ihr Glück zu suchen bzw. zu machen. Auf der Strecke bleiben die traditionellen Werte. Einer idealistischen Ethik war tugendhaftes und glückliches Leben dasselbe. Die Erfüllung von Glück war die kontemplative interesselose „Schau“. „Müßiggang ist aller Laster Anfang“, steht dagegen als Motto über dem Weg dieser Show-Truppe. Brecht hat freilich den Spieß dieser gutbürgerlichen Redensart umgedreht, indem er die Umwertung der Unwerte parodistisch kenntlich und am Wort festmacht. Der Zweck heiligt die Laster und zur Tugend wird, was zum Erfolg taugt. Im Verlauf des Stückes wächst das kleine Haus, „das durch die Vermeidung der sieben Todsünden verdient wird". Die Moral dieser Geschichte: Die „Todsünden", das sind die Speichen im Glücksrad, das im Kampf aller gegen alle rotiert. Moralisches Oben und moralisches Unten, Positiv und Negativ werden plötzlich vertauschbar. Man muß genau hinsehen, um die Umwertungen unter der Decke des alten Worts zu bemerken. Und doch liefert gerade der Kontext die Pointe: Zum Laster der Faulheit wird die „Faulheit (im Begehen des Unrechts)". Das entspricht der Tugend des bedenkenlosen Habenwollens, der fleißigen Hektik des Erwerbs. Zum Laster wird der „Stolz (auf das Beste des Ichs)" – wenn nur die Unterwürfigkeit, die käufliche Selbstpreisgabe zum Weiterkommen hilft. Der „Zorn (über die Gemeinheit)", hat als Schwester-Tugend das Sich-Kuschen: „Wer über die Roheit in Zorn gerät, der lasse sich gleich begraben. Wer die Gemeinheit nicht duldet, wie soll der geduldet werden?" Als „Völlerei" wird verdammt, wenn jemand aus dem Vollen seiner Wünsche und seiner Leidenschaften lebt, wo ihn doch nur das kontrollierbare „Maß" handhabbar macht. Als „Unzucht" wird eine Liebe deklariert, die, unkalkulierbar, das berechenbare Grundgesetz des Tausches auch im persönlichen Bereich verrät. „Habsucht" gilt als Todsünde nur, wenn Raub und Betrug öffentlich werden – die leise und obsessive Sucht zum Haben ist aller Ehren wert. Die Darstellung des Neides gerät zum Höhepunkt von Brechts Lehrstück über die Kunst, ein Egoist zu sein: man sieht Anna durch die große Stadt gehen. Sie erblickt auf ihrem Gang andere Menschen, die alle ihre

Maske tragen, sich dem Müßiggang hingeben und alle jene „Sünden“ unbesorgt begehen, die ihr versagt sind. In einem Ballet wird das Thema „Die Letzten werden die Ersten sein“ dargestellt: während die anderen Annas stolz einhergehen im Licht, schleppt sich ihre Schwester Anna II mühsam und gebückt hin, aber dann beginnt ihr Aufstieg, sie geht stolzer und stolzer, im Triumph endlich, während die anderen verfallen und ihr demütig eine Gasse bahnen müssen. Im „Lied der Schwester“ heißt es dazu:

„Iß nicht, trink nicht und sei nicht träge
Die Strafe bedenk, die auf Liebe steht!
Bedenk was geschieht,
Wenn Du tätst, was Dir läge!
Nütze die Jugend nicht, sie vergeht!
Schwester, folg mir, Du wirst sehen, am Ende
Gehst im Triumph Du aus allem hervor.
Sie aber stehen, oh schreckliche Wende!
Zitternd im Nichts vor geschlossenem Tor!“

Auf die Dauer habe nur das Materielle Wert, das ist das Stahlgerüst dieses steinernen Glücks. Das „tote Glück“ der Sachen wird dem glücklichen Leben vorgezogen. Die Ware als Lebensziel hat als Preis die verkaufte Menschlichkeit, sie macht sich denjenigen nach ihrem Bild, der sich von ihr als Ziel ganz bestimmen läßt. Die beiden Schwestern verjagen sich selbst aus dem „Zuhause“ des unmittelbaren Glücks. Das „kleine Häuschen“ am Ende ihres Wegs kann nur ein sehr kümmerliches Hoffnungsasyl ihrer obdachlos gebliebenen Menschlichkeit sein. Es ist das nachgeäffte Glück von Heimat, dem das „Werturteil“ durch den Verfall letztlich doch zugesprochen ist. Es gibt nur falsches, verwahrlosten Leben als Ware. Auch der

Stolz, der in der Schlußszene Brechts gespielt wird, ist der Ausdruck von Einsamkeit. Der Selbstsüchtige findet sich betrogen um die Weite des Lebens.

„Die Strafe bedenk, die auf Liebe steht“, läßt Brecht Anna I zu Anna II sagen. Das ist auch die Pointe von George Orwells „1984“, jenem nähergerückten utopischen Ort, in dem es weder Freiheit noch Versagen, weder Gut noch Böse im traditionellen Sinn gibt, nur abgesättigte materielle Bedürfnisse. Das wäre, in der alten Sprache, die letzte Lästerung Gottes: in der Auslöschung der Menschlichkeit.

„Literarische Fastenpredigten“ gegen eine solche Vorstellung wollen die hier gesammelten Beiträge sein, die in der Anordnung den Bogen spannen von den öffentlichen Untugenden einer übersättigten Gesellschaft bis zu der nur scheinbar ganz privaten Haltung der Traurigkeit und der Sünde der Unterlassung. „Fastenpredigten“: in einer Zeit, die eher vergeßlich mit dem Wissen ihrer eigenen Tradition umgeht und sich an der Vorstellung von der Selbstregulation der Verhältnisse berauscht, mit dem Stachel der Erinnerung gegen die Gewöhnung löcken. Nicht systematisch und ohne moraltheologische Aprioris. Sondern literarisch, und das heißt moralistisch: in der Beschreibung der konkreten Wirklichkeit, mit dem subjektiven, engagierten und „skeptischen“ Blick auf das Verhalten und die Verhältnisse, auf die anderen – und auf sich selber. Mit dem Blick auf die Wörter und auf das, was sie verdecken oder auftun. Mit der Phantasie des Zweifels (darüber, daß alles so sein müßte wie es ist) und in der Hoffnung, daß sich die alten Worte auch auf die Zukunft beziehen lassen.

Es gibt nicht nur die barocke Vokabel vom

„Tugendmeer“, sondern auch vom „Lastermeer“. Da bleibt man im Bild, wenn man sich an eine alte Deichschauordnung erinnert, in der diese Aufforderung an die Betroffenen steht: „Wer lästern will, der lästere, was zu lästern ist.“ Ohne das strapazierte Bild vom Dammbruch zu bemühen – auf Beschädigungen hinzuweisen, dazu nehmen sich diese Beiträge die Freiheit.

Die Autoren

Walter Dirks, Professor, Dr. theol. h. c., geb. 1901 in Dortmund-Hörde, Schriftsteller und Mitherausgeber der „Frankfurter Hefte". Er lebt in Wittnau bei Freiburg.

Friedrich Heer, geb. 1916 in Wien, Professor für Geistesgeschichte des Abendlandes an der Universität Wien, Chefdramaturg am Wiener Burgtheater, Publizist, lebt in Wien.

Robert Jungk, Dr. phil., geb. 1913 in Berlin, Publizist, Honorarprofessor für Zukunftsforschung an der Technischen Universität Berlin, lebt in Salzburg.

Luise Rinser, geb. 1911 in Pitzling/Obb., Schriftstellerin, Mitglied des PEN-Zentrums, lebt bei Rom.

Heinz Robert Schlette, Dr. phil. et theol., geb. 1931 in Wesel/Rhein, Professor für Philosophie an der Pädagogischen Hochschule des Rheinlands, Abt. Bonn, lebt in Bonn.

Dorothee Sölle-Steffensky, Dr. phil. habil., geb. 1929, Professor für Systematische Theologie und Literaturwissenschaft in New York und Köln, Mitglied des PEN-Zentrums der BRD, lebt in Hamburg.

Rudolf Otto Wiemer, geb. 1905 in Friedrichroda/Thüringen, Schriftsteller, lebt in Göttingen.

Eva Zeller, geb. 1923 in Eberswalde, Schriftstellerin, Mitglied des PEN-Zentrums der BRD, Vize-Präsidentin der Deutschen Akademie für Sprache und Dichtung Darmstadt, lebt in Heidelberg.

Rudolf Walter, Dr. phil., geb. 1946 in Lichtenau/Obb., lebt in Freiburg i. Br.